Wolfgang Zielke
Frag Dich vorwärts

Wolfgang Zielke

Frag Dich vorwärts

Eine gute Frage ist die halbe Antwort

mvg verlag

CIP-Kurztitelaufnahme der Deutschen Bibliothek

Zielke, Wolfgang:
Frag Dich vorwärts: e. gute Frage ist d. halbe Antwort / Wolfgang Zielke. – 2. Aufl. – Landsberg am Lech : moderne verlagsgesellschaft mbh, 1985.
(mvg-Paperbacks)
ISBN 3-478-02642-3

8910 Landsberg/Lech
Umschlaggestaltung: Ulrich Eder/Roman Gruber
Druck und Bindearbeiten: Presse-Druck Augsburg
Printed in Germany 020 642/1185502
ISBN 3-478-02642-3

Inhalt

Einleitung

»Wenn die Menschen nur zu fragen verstünden«, ... so lautet ein Stoßseufzer, ... »brauchte es ihnen um rechte Lebensführung nicht bange zu sein!« In der gut gestellten Frage liegt die halbe Antwort. So verspricht es unser Buchtitel. Das ist eher untertrieben, als zuviel versprochen. Sehr oft, wenn nicht zumeist, liegt in einer klaren Frage schon die *ganze* Antwort. Unser Buch soll Sie davon überzeugen. Kluge Menschen sind kluge Frager. Das war schon bei den alten Griechen so, das ist heute nicht anders. So können zum Beispiel die Maßnahmen der exakten Forschung als Fragen verstanden werden. Wissenschaftler legen mit ihren Experimenten der Natur Fragen vor, die diese auch beantwortet, wenn die Anordnung des Versuches richtig war, also die Fragen korrekt gestellt wurden.

Der Mensch ist von Natur aus neugierig. Wenn es Ihnen lieber ist, sagen wir: wißbegierig, das klingt positiver. Schon das Kind, kaum daß es recht sprechen lernte, fragt und fragt. Wenn es nicht immer die rechten bzw. erwarteten Antworten erhält, dann kann das natürlich auch an der Ungeduld der Erwachsenen liegen, im allgemeinen liegt es daran, daß es die Kunst des Fragens erst erlernen muß. Mancher lernt es auch nie — das ist nicht nur beim

Kinde und dessen Fragen so. Sie sollten es erlernen – wir meinen das korrekte Fragen im speziellen. Mit Fragen kommen Sie am besten in Gespräche. Mit Fragen können Sie andere aktivieren und motivieren. Mit Fragen lassen sich Aufgaben und Probleme lösen. Mit Fragen betreiben Sie auch selbst ein geistiges Fitneß-Training und erreichen bessere Denkleistungen. Vielleicht erspart Ihnen das sehr viel aufwendige (oder gar unnötige) Muskelkraft.

Grund genug, sich mit dem Fragen und den Fragetechniken etwas sorgfältiger zu befassen.

Hinweise für die beste Nutzung dieses Buches

Die erste Frage für unsere Leser ist die nach dem besten Gewinn aus der vorliegenden Lektüre.

So werden Sie ihn sicher erzielen: Schauen Sie sich Inhaltsverzeichnis und Stichwortregister zunächst im Überblick an. Blättern Sie zusätzlich das Buch in Ruhe durch, und machen Sie sich mit der Behandlung des Stoffes vertraut.

Legen Sie sich Zeichen ein oder markieren Sie Textstellen, an welchen Sie Ausführungen finden, die für Ihre speziellen Belange von Bedeutung sind. Diese Stellen sollten Sie bei einem zweiten Durchgang, bei einem nachfassenden Lesen sorgfältiger bearbeiten.

Das kann durch Auszugsarbeit (exzerpieren) geschehen. Das kann auch dadurch vor sich gehen, daß Sie unseren Hinweisen für Übungen und Aufgaben folgen.

Unser Bemühen geht dahin, Ihnen möglichst viele Tips für die Praxis zu geben.

Es ist fast immer ratsamer, einzelne Ratschläge sofort in der Praxis zu erproben, als sich erst durch das ganze Buch zu arbeiten.

Alles auswendig lernen zu wollen, fordert zu hohen Aufwand. Stellen Sie sich auch diese Fragen:

»Wo kann ich beginnen?«

»Welche der Maßnahmen bekomme ich rasch in den Griff?«

»In welcher Praxissituation läßt sich mit dem Empfohlenen unmittelbar etwas anfangen?«

Versuchen Sie also durch eigene Aktivitäten in den Stoff einzudringen. Manches wird im Laufe der Zeit vergessen. Deshalb sollten Sie später gelegentlich das Stichwortregister durchgehen und gezielte Wiederholungen vornehmen.

Besonders gut bewährte sich, die wichtigsten Aussagen auf kleine Karteikarten herauszuziehen (Spielkartenformat) und jeweils zwei oder drei besonders wichtige in Praxissituationen (z. B. Diskussionsrunden) als Erinnerungsstützen mitzunehmen.

Verlag und Verfasser wünschen Ihnen beste Erfolge!

1

1. Fragen helfen Geld verdienen

Finden sich irgendwo neue Einsichten des Managementes, werden z. B. bessere Managementtechniken entwickelt, so sind die ersten, die danach greifen, Verkäufer und Verkaufstrainer. Dort, wo das Geld unmittelbar verdient beziehungsweise eingebracht wird, bemühte man sich von jeher um Praktiken der Menschenbehandlung. So nimmt es nicht weiter wunder, daß Vertreter oder Verkaufsberater seit eh und je in Rhetorik unterwiesen wurden, sich in ihrem Arbeitsfeld die Einsichten des »Rationellen Lesens« und rationeller Informationsverarbeitung am frühesten durchsetzten. Auch als Anfang der 60er Jahre die »Programmierte Instruktion« als Verfahren leichteren und wirksameren Lernens stark propagiert wurde, befaßten sich die ersten Lernprogramme mit der Verkäuferschulung.

Ebenso werden Sie die im ganzen gesehen verschwindend wenigen Hinweise zu Fragetechniken hauptsächlich in Veröffentlichungen finden, die dem Verkaufstraining und der Menschenführung dienen. Wenden wir uns deshalb auch zuerst an jene, die zum einen allem Neuen recht aufgeschlossen sind, wenn es zum anderen in der Praxis einen raschen Nutzen bringt.

Fragen im Verkaufsgespräch

Durch rechtes Fragen kommt man mit Kunden am besten in ein Gespräch. Die Frage: »Was und wieviel darf ich heute in mein Auftragsbuch schreiben?« zählt allerdings nicht zu den rechten Einleitungen. Geschicktes Fragen wird das Gespräch weiter im Fluß halten. Besonders geschickt sind Fragen dann zu nennen, wenn der Angesprochene (der Kunde) sozusagen die Ausführungen des Verkäufers bestätigen muß. Die Formulierung der Fragen und die Art und Weise, wie man sie vorträgt, beeinflussen also die Antwort und das Verhalten des Gegenübers. Fragen sind allein deshalb schon psychologisch geschickter als jede andere Form von Argumentation, weil der Befragte sich als Partner fühlt. Vorweggenommen sei auch das schon: Fragen, wenn sie nicht sehr ungeschickt oder dumm sind, verhindern weitgehend, daß es zu einem Streit kommt.

Fragen als Steuerungsmittel

Wer Fragen stellt, macht aus einem Gespräch erst einen echten Dialog. Wer nur Behauptungen vorträgt, selbst mit guten Gründen und Beweisen, läuft schon Gefahr, daß aus dem Gespräch ein Monolog wird und der Angesprochene sich verschließt.

Wer Gespräche in Form von Monologen zu führen sucht, will damit erreichen, daß alles nach seinen Wünschen geht. Sehr oft wird das Gegenteil der Fall sein. Gerade die gezielte Frage ist das Steuerorgan für die eigenen Wünsche in der Gespächsführung. Bauen sich dabei die Fragen aufeinander auf, so werden Gespräch und das Antwort-Verhalten schrittweise vorangeführt und, wie schon gesagt, verhindert, daß sich ein Streit entwickelt.

Lehnt ein Kunde und potentieller Käufer so ab: »Gehen Sie mir doch mit dem neumodischen Kram, ich habe einen alten Kundenstamm, der liebt die bewährten Artikel«, dann bringt es wahrscheinlich nicht viel zu argumentieren: »Das wird sich sicher ändern . . .!« Etwas besser wäre es schon so: »Wie lange glauben Sie, werden Sie den gleichen Kundenstamm noch haben?«

Noch besser: »Werden nicht auch Ihnen neue Kunden zuwachsen?« »Meinen Sie nicht, daß Ihr Kundenstamm, z. B. durch Werbung im Fernsehen, bald nach neuen Produkten fragen wird?«

Allerlei Fragenarten

Der Verkäufer will Ware verkaufen. Vielleicht geht es aber auch um ein Angebot von Dienstleistungen. Und kann man nicht ebenso von einem Gedankenverkauf sprechen?

Wollen Sie nicht Ihre Gedanken an Frau oder Mann bringen, also Ihre Meinung verkaufen?

Betrachten Sie unsere folgenden Ausführungen auch unter diesem Gesichtspunkt, wenn wir Ihnen nunmehr einige Fragenarten vorstellen. Wir werden auf sie in anderen Zusammenhängen sicherlich noch einige Male zurückkommen.

Und auch das sei schnell noch vorangestellt: Es gibt verschiedene Frageformen, die Sie mehrfach einordnen können. Die bekannteste Frage ist wohl die einfache *Informationsfrage*:

Wie komme ich zur Joseph-Müller-Straße?

Wie geht es denn so?

Wo kommst Du denn her?

Aber schon die beiden letzten Beispiele zeigen, daß es dem Fragenden mitunter gar nicht um die Auskunft geht. Kaum einer, der nach des anderen Befinden fragt, will es wirklich wissen, und auch die Frage nach dem Herweg ist meist nicht mehr als eine Gesprächseinleitung ohne echtes Auskunftsbegehren.

Beim Verkauf wird die echte Informationsfrage nur selten am Anfang stehen: »Haben Sie Bedarf an ...?« Suchen wir nach einem anderen Oberbegriff, so kommen wir bald zur *Direkten Frage:*

Haben Sie Interesse an einem neuen Verkaufsschlager?

Darf ich Ihnen ein günstiges Angebot machen? (Wer wird da wohl Nein sagen?)

»Wissen Sie schon, daß Aurora-Waschpulver sich in 8 Wochen 10% Marktanteil erobern konnte?«

Die direkte Frage, im allgemeinen eine Informationsfrage, steuert unmittelbar auf das Ziel zu. Mitunter kann es geschickter sein, indirekt zu fragen, einen kleinen Umweg zu gehen, aber sein Ziel sicherer zu erreichen. *Indirekte Fragen* sind mitunter gar nicht als Fragen zu erkennen, sie haben nicht die grammatikalische Form der Fragesätze. Sagt jemand: »Wenn ich nur wüßte, wo Du herkommst!«, so drückt er damit indirekt die Frage aus: »Wo kommst Du her?« Ebenso lassen sich andere der oben angeführten Fragen indirekt ausdrücken:

Wenn ich davon ausgehen könnte, daß Sie an einem Verkaufsschlager interessiert sind!

Wenn Sie Gefallen an einem günstigen Angebot hätten!

Fragen, die zur Wahl auffordern

Manche Betrachter möchten die indirekte Frage gar nicht in die Fragearten einbeziehen, weil sie nicht immer mit einem Fragezeichen endet.

Die *rhetorische Frage* endet mit einem und wird ebenfalls nicht von jedermann zu den echten Fragen gezählt. Bei der rhetorischen Frage liefert der Fragende gleich die Antwort mit. Auch dann, wenn er sie nicht ausspricht. »Sind Sie nicht auch an Verkaufsschlagern interessiert?«

Das wäre eine recht primitive Form der rhetorischen Frage. Da rhetorische Fragen im Grunde genommen den Monologen zukommen (wir hören sie in gehobenen Reden häufig), sind sie im Gespräch nur dann einzusetzen, wenn gesichert ist, daß sie das Interesse des Hörenden wecken. Ganz anders ist es mit der *Alternativfrage*. Sie läßt dem Befragten die Wahl zwischen verschiedenen Möglichkeiten und zwingt ihn, eine Entscheidung zu bedenken. Allerdings wird sie von voreiligen Verkäufern auch falsch eingesetzt. Wer da den Kunden fragt, ob er zwei oder vier Kartons haben möchte, bevor er überhaupt zum Kauf bereit ist, vernachlässigt die Alternative, daß der Kunde gar nicht kaufen will. Andererseits kann es ein fortgeschrittenes Gespräch verlangen, von sich aus Alternativen vorzuschlagen, die alle im eigenen Sinne liegen, damit so der Käufer daran gehindert ist, negative Gegenvorschläge zu machen bzw. sich zurückzuziehen.

Zum Nachdenken anregen

Am günstigsten für den Abschluß ist es, wenn Fragen so formuliert werden, daß sie zum Nachdenken anregen. Dabei ist an ein Nachdenken gedacht, das im Sinne des Fragenden liegt. Hierfür bieten sich die *Stimulierungsfragen* an. Man spricht gelegentlich auch von *Motivierungsfragen*, weil ja der Befragte zu einem Tun veranlaßt werden soll, welches auch ihm selbst zum Vorteil gerät.

Motivierungs- oder Stimulierungsfragen müssen demnach so formuliert werden, daß sie den Befragten erheben. Vielleicht ist das etwas hochgegriffen, doch kommt es darauf an, daß dem Fragenden durch Nachdenken die erwünschten Antworten zuteil werden.

Nur selten wird die Motivation so stark sein, daß es zu einer spontanen Antwort kommt, deshalb setzen Sie diese Fragen besonders dann ein, wenn Sie das Gespräch um neue Gesichtspunkte erweitern. Eine Frage, die zum Nachdenken anregt, lenkt den Befragten vielleicht zu einem bislang nicht berücksichtigten Aspekt.

Es ist durchaus erlaubt, so zu formulieren: »Haben Sie bereits darüber nachgedacht, daß . . .?«

»Ziehen Sie auch in Ihre Betrachtungen mit ein, daß . . .?«

»Können Sie die Dinge nicht auch so sehen . . .?«

Lehnt ein Kunde das ihm angebotene Produkt ab, könnte die Frage so lauten: »Haben Sie schon darauf geachtet, ob Kunden den Laden verließen, weil sie den Artikel . . . nicht fanden?«

Wird auf einen zu hohen Einkaufspreis und damit zu geringe Verdienstspanne hingewiesen:

»Bedenken Sie dabei auch, daß durch erhöhten Umschlag der Reingewinn ein mehrfacher sein kann?«

Manche Interpreten sehen die *Stimulierungsfrage* simpler an. Sie wollen nicht zum Nachdenken anregen, sondern lediglich ein Gefühl erwecken.

Nehmen wir sie als eine Unterabteilung mit in unsere Betrachtungen. Im Beispiel »Wie siehst Du die Dinge aufgrund Deiner umfassenden Kenntnisse?«, will der Fragende kaum genauer wissen wie der andere es sieht, als ihm vielmehr schmeicheln.

Fragen, die herausfordern

Wir sprachen von Überschneidungen beziehungsweise davon, daß sich verschiedene Fragen mehrfach einordnen lassen. Das gilt auch für jene Frageart, die der Fachkundige die »Herausforderung« nennt. Manchmal ist die Herausforderung versteckt. Dann muß, ähnlich wie bei indirekter Frage, nicht einmal ein Fragesatz gebildet sein.

Besonders bei Widerspruchsgeistern oder jenen Menschen, die schon aufgeben, bevor sie recht begannen, kann die Herausforderung zum erwünschten Widerspruch reizen:

Die hohe Qualität dieses Erzeugnisses mag von Ihren Kunden vielleicht nicht gewertet werden . . . (?)

Möglicherweise stellt der Artikel Anforderungen, die nur bestes Fachpersonal erfüllt . . .!

Sie werden sicher sofort erkennen, daß das auch ins Auge gehen kann. Sieht jemand in solchen Fragen die Unterstellung, daß ihm etwas nicht zugetraut wird, mag er das als Kränkung empfinden.

Wird so herausgefordert: »Sie könnten ebensoviel verkaufen wie Ihr Mitbewerber, wenn Sie sich mehr engagieren würden . . .!«, dann ist das schon fast eine Beleidigung.

Mal am Rande: Mitunter kann auch das Schweigen als Frage erfaßt werden. Stellt ein Kunde eine übertriebene Behauptung auf, dann ist keine Antwort eine Frage, z. B. die Frage: Übertreiben Sie da nicht etwas? Oder diese: Meinen Sie das im Ernst? Beispiel: »Diese unsinnige Waschmittelwerbung, das glaubt doch kein Mensch mehr mit der dreifachen Waschkraft oder den sechsfachen Weißmachern . . .«

Angeredeter schweigt (*lautlose Frage:* Übertreiben Sie nicht?) ... »da wird doch immer ein bißchen übertrieben!« (Der Sprechende hat seine erste Aussage stark zurückgenommen).

Fragen, die Bestätigung erheischen

Im Gegensatz zur rhetorischen Frage, der die Bestätigungsfrage stark ähnelt, will diese eine Antwort. Der Fragende will vom Befragten hören, daß er im Recht ist. Allgemein bekannt geworden ist die Bestätigungsfrage durch das Fernseh-Ratespiel »Was bin ich«. Wenn im Rateteam jemand so formuliert: »Gehe ich recht in der Annahme, daß Sie nicht ...?« dann will er hören, daß er mit seiner Annahme im Recht ist.

Mit Bestätigungsfragen lassen sich besonders gut Zwischenergebnisse festigen.

Bis hierher sind wir doch einer Meinung?

Darf ich Ihren Ausführungen entnehmen, daß ...?

Sie meinen damit sicherlich ...?

Ich habe Sie doch richtig verstanden, wenn ich zusammenfasse ...?

Mit derartigen Formulierungen können Sie auch eine weitere *Gegenfrage* einleiten. Fachleute des Verkaufstrainings sprechen dann von der taktischen Gegenfrage.

Sagt ein Kunde: »Warten wir doch erst mal ab, wie sich der Artikel überhaupt auf dem Markt bewährt!« so könnte der Verkäufer taktisch gegenfragen: »Wenn ich Sie recht verstehe, dann wollen Sie Ihren Mitbewerbern die Vorteile des ersten Zuges überlassen?«

Taktische Gegenfragen bieten sich besonders dann an, wenn der Angesprochene eine recht einseitige Betrachtungsweise zum Ausdruck bringt und sich somit für den Argumentierenden (Verkäufer) andere Anschauungspunkte ins Gespräch bringen lassen.

An dieser Stelle sollten unsere Leser sich klarmachen, daß es bei wirksamer Fragetechnik darauf ankommt, die eigenen Argumente in das rechte Licht zu setzen.

Fangfragen erkennen – aber nicht verwenden

Da gibt es noch die *Fangfrage.* Im Verkaufstraining sollte sie keinen Platz haben. Es kann aber wichtig sein sie zu kennen, um gegen dieses Mittel der unfairen Dialektik gewappnet zu sein. Wir werden sie später behandeln. So viel vorweg: Mit Fangfragen will jemand ganz andere Antworten erhalten, als die Frage es in ihrer Formulierung zunächst vermuten läßt. Fangfragen dienen oftmals als Kontrollmaßnahmen. Fragt einer, der dem anderen vor Zeit ein Buch schenkte: Wie hat Dir denn das Buch gefallen? Kann das eine Fangfrage sein, mit der Antwort auf die Frage: »Hast Du das Buch überhaupt gelesen, das ich Dir schenkte?«

Nicht jede *Kontrollfrage* muß jedoch zugleich eine Fangfrage sein. Will ein Fragender die Übereinstimmung mit einem Befragten überprüfen, so stellt er eine Kontrollfrage:

Sie liefern also bis zum . . .?

Ich liefere Ihnen also bis zum . . .?

Fachleute kennen dann noch die *geschlossene Frage*, die anderenorts auch als *Ja-Frage* bezeichnet wird, wenn auch die Antwort Nein lautet. Deshalb spricht man gern von der Ja-Frage, weil sie im Sinne des Fragenden bestätigend (bejahend) ist.

Mit Ja: Sie wollen doch auch höhere Umsätze machen?

Es liegt doch in Ihrer Absicht, sich Ihre Leistungsfähigkeit zu erhalten?

Möchten Sie bis weit über die Pensionsgrenze hinaus vital bleiben?

Mit Nein: Sie wollen doch nicht, daß Ihre Umsätze zurückgehen?

Es liegt Ihnen doch nichts daran, daß sich Ihre Leistungsfähigkeit mindert?

Wollen Sie lange vor Ihrer Pensionierung mit Ihrer Vitalität am Ende sein?

Werden derartige Fragen aneinandergereiht, so kann das den Eindruck eines Verhöres erzeugen, der Befragte wird in die Enge getrieben. Es bedarf daher eines Meisters, eines Sokrates (aber auch dem wurde es schließlich böse vergolten), um eine Reihe von Fragen so aneinanderzuhängen, daß sie alle im Sinne des Fragers beantwortet werden, ohne daß der Befragte Mißbehagen fühlt.

Damit kommen wir dann auch noch zur *Suggestivfrage.*

Vorsichtig mit Suggestivfragen

Wir sind uns einig – es geht darum, Menschen in unserem Sinne zu beeinflussen! (Welche Art von Frage ist das?) Mit Suggestivfragen kann das in besonderem Maße gelingen. Allerdings sollten wir uns auch darin einig sein, daß es die Würde des Menschen zu achten gilt.

Wieder wird die Formulierung so anzusetzen sein, daß sich der Befragte veranlaßt fühlt, dem Fragenden zuzustimmen. Der Kunde soll dem Verkäufer ferner recht geben, damit der Kaufentschluß herbeigeführt wird.

Da die Antwort im gewissen Sinne auch ein Ja ist, d. h. oftmals sogar unmitelbar mit Ja zu beantworten wäre, läßt sie sich auch unter die geschlossenen Fragen, unter die Ja-Fragen reihen.

Es gibt auch Menschen, die wollen Bescheidenheit vortäuschen und legen dann dem Befragten die Möglichkeit eines Nein in den Mund. Vorsicht, der könnte dann wirklich Nein sagen: »Haben Sie vielleicht zufällig etwas Zeit für mich?« liegt schon hart an der Grenze. »Sie haben jetzt nicht Zeit für mich?« hat die Grenze schon überschriten. Typisch für Suggestivfragen sind Anfänge wie:

Ist es nicht so . . .?

Es stimmt doch, daß . . .?

Sie wissen doch, daß . . .?

Manche Psychologen sind der Meinung, daß mit Suggestivfragen manipuliert wird. Deshalb wiesen wir eingangs dieser Betrachtungen auf die Würde des Menschen hin.

Das Wichtigste zu 1. in Merksätzen

- Rechtes Fragen führt am besten in gute Gespräche.
- Formulierung und Vortragsart der Fragen beeinflussen das Verhalten des Gesprächspartners.
- Geschickte Fragen erzeugen das Gefühl einer Partnerschaft und verhindern oftmals, daß es zum Streit kommt.
- Ohne Fragen wird ein Gespräch leicht zum Monolog.
- Fragen helfen besser verkaufen, auch wenn es sich um den »Verkauf der eigenen Ansicht handelt«.
- Fragen lassen sich klassifizieren, doch gibt es manche, die zu mehreren Klassen gehören.
- Wir unterscheiden zunächst:
  - Informationsfragen
  - Direkte Fragen
  - Indirekte Fragen
  - Rhetorische Fragen
  - Alternativfragen
  - Stimulierungs-/Motivierungsfragen
  - Herausforderungsfragen
  - Gegenfragen
  - Fangfragen
  - Kontrollfragen
  - Bestätigungsfragen
  - Suggestivfragen
- Fragen sollten immer zu positivem Nachdenken anregen.
- Richtig angesetzte Fragen vermögen erwünschten Widerspruch hervorzubringen, über den des Fragenden Meinung bestätigt wird.
- Machen Sie sich mit Fangfragen vertraut, aber gebrauchen Sie sie nicht selbst.
- Lernen Sie die positiv zu wertende Kontrollfrage von Fangfragen zu unterscheiden.
- Stellen Sie Fragen, die der Befragte mit Ja beantworten kann, aber lassen Sie daraus kein Verhör werden.

2

2. Das Fragen war der Römer Lust

Wir könnten auch die erste Zeile der zweiten Strophe vom Müllerlied zu unserer Überschrift abwandeln. Dann hieße es: Von Römern haben wir's gelernt. Das stimmt auch sicherlich, wenn man den vielen Schreibenden glauben will, die sich um die Publizierung des uralten Hilfsmittels verdient gemacht haben. Die Rede ist von den sogenannten W-Fragen. Deshalb W-Fragen, weil sie im Deutschen alle mit dem Buchstaben W beginnen. Natürlich wissen die im Latein Gebildeten, daß die Fragen bei den Römern mit dem Q begannen, doch bringt ihnen dieses Wissen weiter keine Vorteile. Bleiben wir also im Deutschen, beim Buchstaben W und bei dem nach wie vor bewährten und praktikablen System, mit dessen Hilfe sich wohl jedes Problem durchleuchten läßt.

Das berühmte W-Fragen-System

Wer? Was? Wo? Wann? Wie? Warum? Weshalb? Wozu?

Das wären also nun die W-Fragen. Selten, daß weitere hinzukommen. Der besondere Fall könnte z. B. ein Wodurch? erfordern.

Häufiger finden Sie in den Beschreibungen des Systems eine Beschränkung auf die ersten fünf oder sechs Fragen. Wie praktikabel das System als solches ist, können Sie täglich in der Zeitung lesen:

> Am Donnerstag abend kam auf dem Flughafen Köln/Bonn der berühmte südamerikanische Geigenvirtuose Amando de Larifari an. Er folgte damit einer Einladung Kölner Symphoniker, mit denen er eine Konzerttournee durch die Bundesrepublik antreten wird. De Larifari wird auch beim Wohltätigkeitskonzert für notleidende alte Musiker am kommenden Samstag in der Beethoven-Halle zu Bonn auftreten.

Derartige Berichte finden Sie täglich in der Zeitung. Sie können sich gern anspruchsvollere Aussagen heranholen und werden, wie auch am obigen Beispiel mit Hilfe des W-Fragen-Systems die Aussage schnell erfassen.

Die Frage Wer? wird mit dem Namen und dem Beruf in unserem Artikel sofort beantwortet. Ein zweites Wer? finden Sie in »Kölner Symphoniker«. Amando de Larifari ist angekommen. Angenommen, Sie wären ein Verehrer des Künstlers, so stellen sich Ihnen die weiteren Fragen wie von selbst:

Das Was? wäre in den Stichwörtern »Konzerttournee« und »Wohltätigkeitskonzert« beantwortet. Auf die Frage Wo? gab Ihnen der Text gleich drei Hinweise: Flughafen Köln/Bonn (Ankunft) – Bundesrepublik (Tournee) und Beethovenhalle, Bonn (Wohltätigkeitskonzert). Damit war auch schon das Wozu? (zu welchem Zweck) beantwortet. Das dahinter dann wieder der Zweck der Geldeinnahme steht, wollen wir nicht weiter berücksichtigen. Auch auf die Frage Wann? gab es doppelte Auskunft: Donnerstag abend und Samstag. Nicht klar genug drückt sich der Text hinsichtlich des Wo? und Wann? der Tournee aus. Nehmen wir weiter an, daß Sie, an fernem Ort sitzend, wissen möchten, ob der Künstler auch in Ihrer Stadt gastieren wird, dann hat die unbeantwortete Frage Ihnen auch einen Stimulus gegeben. Sie werden sich in Ihrer Kartenvorverkaufsstelle, beim Kulturamt, vielleicht aber auch durch Brief bei der veröffentlichenden Zeitung erkundigen.

Unser Beispieltext gibt keine Antwort auf die Frage Wie?, es sei denn, daß Sie aus dem berühmten Namen rückschließen, der Künstler spiele besonders gut. Aber die Rede war nicht davon.

Kritik, die nicht gilt

Kritiker halten sich gern bei dem Einwand auf, daß nicht alle W-Fragen aus jedem Text beantwortet werden. Es ist richtig, daß Sie nicht alle Antworten erhalten. Es ist falsch, deshalb das Verfahren zu kritisieren. Gerade so, wie es oft gar nicht nötig ist, alle Fragen zu stellen, bleibt mitunter manche Frage unbeantwortet. Das liegt aber nicht an der Fragenreihe, sondern an der Textaussage.

Zwischendurch bemerkt: Wir wollen Ihnen hier mit dem W-Fragen-System ein uraltes, gut brauchbares Verfahren vorstellen oder in die Erinnerung rufen. Sicherlich gibt es oft genug andere Vorgehensweisen, die erfolgsträchtiger und wirksamer sind. Haben Sie bessere Verfahren, dann bedienen Sie sich dieser. Vielleicht finden Sie solche auch noch in unseren weiteren Ausführungen. Aber lassen Sie dann denen, die keine besseren Verfahren haben, dieses schlichte und doch weiterführende. Bevor überhaupt nichts gefragt, fast möchte man schon sagen »getan« wird, ist es immer noch besser, sich auf diese Art zu helfen.

Überdies haben auch andere Systeme Mängel. Alles was Menschen tun, ist von Fehlern und Mängeln belastet. Sollen deshalb die Menschen gar nichts mehr tun?

Mit dem »Wer?« beginnt ein Geistestraining

Insbesondere bei der Informationsaufnahme, sagen wir ruhig: beim Lernen besteht die Hauptarbeit im Fragen, in der Suche nach Antworten. Ebensogut können Sie Lernen, Aufnehmen von Informationen, auch als ein Schließen von Lücken betrachten. Welche Lücken wird man schließen wollen, ja, überhaupt nur schließen können? Selbstverständlich jene, die einem bewußt werden.

Und welche werden uns bewußt, oder wie werden sie uns bewußt? Sie geben sich und uns gewiß spontan die richtige Antwort: Dadurch, daß uns etwas fraglich erscheint, daß Fragen in uns auftauchen. Fragen tauchen im allgemeinen auf, wenn in uns ein Informationsmangel herrscht. Dieses Bewußtwerden führt oft rein automatisch in eine formulierte Frage. Nur – verlassen kann man sich nicht darauf, daß sofort eine Formulierung bei der Hand ist. Bis der Mensch darin Sicherheit erlangt, kann er es auf sehr wirksame und doch einfache Weise mit den W-Fragen trainieren.

Fragen Sie also! Fragen Sie etwa so:

Wer spricht hier zu mir? Es kann auch heißen: Von wem ist hier die Rede? Es geht darum zu erklären, um wen es sich handelt, welche Person Gegenstand der Information ist. Vielleicht fällt Ihnen hier Ihre Schulzeit ein, als gelehrt wurde, daß jeder Satz einen »Satzgegenstand« haben müsse. Auf diesen zielt die Frage Wer? –

Weiß ich erst, mit wem ich es zu tun habe, so bin ich schon ein Stück weiter. Selbst dann, wenn es da überhaupt keiner Frage bedarf, weil es von vornherein feststeht, wer da spricht, oder von wem die Rede ist. So beginnt doch mit der bewußten Frage der Denkende ein Assoziationsmodell aufzubauen. Aufbau und Bewußtmachung von Gedankenverbindungen sind aber auch die Voraussetzung für bessere Gedächtnisleistungen. Gute Gedächtnisleistungen ihrerseits zeugen von sorgfältigen Denkleistungen – also stehen wir schon mitten in einem Geistestraining. Daß aber der trainierte Geist den Menschen vorwärtsbringt, ist nun schon keine Frage mehr.

Das WAS? in der Verbindung zum WER?

Sie haben sicherlich schon weitergedacht: Zum kompletten Satz gehört außer dem Satzgegenstand die Satzaussage. Auf sie richtet sich die Frage: WAS? Was tut nun der Wer oder was widerfährt ihm. Wissen wir beides, so können wir schon ein simples Assoziationsmodell optisch verdeutlichen, indem wir es in dieser Skizze zu Papier bringen:

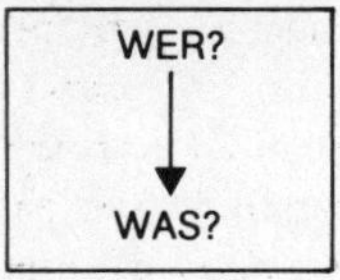

Das bedeutet:
Wer tut was? oder wer hat was getan?
Wer will oder wird was tun?

Es könnte aber die Skizze auch so aussehen und damit anders geartete Fragen verdeutlichen:

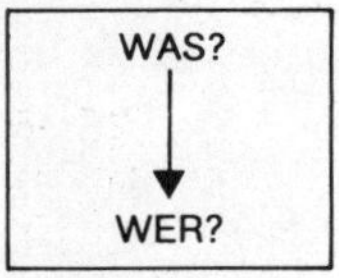

Was hat hier auf wen Einfluß genommen?
Was wird wen beeinflussen?
Wenn was geschieht, wen trifft es?

Das sind allerdings sehr einfache Formen von Gedankenverbindungen oder Fragen. Es wird schon sehr viel anspruchsvoller, wenn ein WER auf mehrere WAS Einfluß nimmt oder mehrere WER auf ein WAS zu beziehen wären.

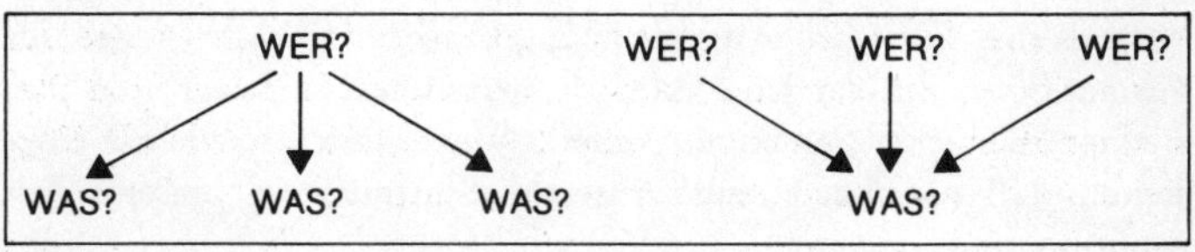

Auch bei diesen Schemata läßt sich die Pfeilrichtung umkehren, oder es gibt gar Verbindungen, die in beiden Richtungen wirken.

Machen Sie sich auch ein paar Gedanken, oder noch besser: Skizzieren Sie verschiedene Bilder, die verdeutlichen, wenn unterschiedliche Zahlen von WER? mit unterschiedlichen Zahlen von WAS? verbunden werden können. Dann entstehen Schemata dieser Art:

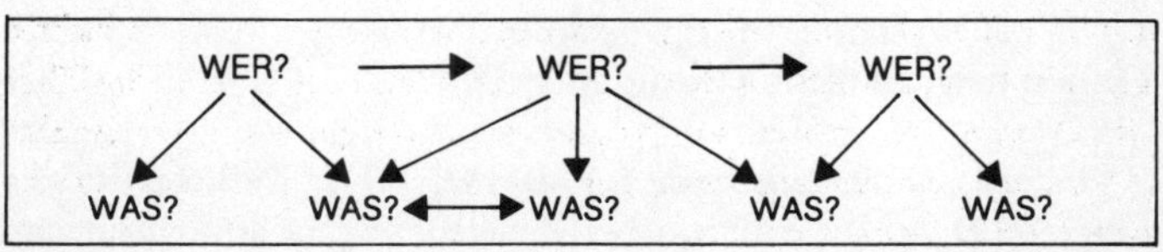

Die Frage nach örtlichen und räumlichen Bezügen

Bevor Sie solche Versuche unternehmen, sollten auch noch die weiteren W-Fragen mit in die Betrachtungen einbezogen werden.

Es kommt natürlich ganz auf das Thema, die Art der Informationen und den Bezug dessen, der sie benötigt, an, ob der Ort der Handlung mit in die Betrachtungen einbezogen werden muß. Muß er das nicht, dann hat die Frage WO? keine weitere Bedeutung. Sie können diese Frage auslassen. In allen anderen Fällen bezieht sich das WO? auf die räumliche Umgebung des zu betrachtenden Geschehens.

Sie fragen dann also beispielsweise so:

Wo hat sich das ganze abgespielt?

Welche Orte oder Umgebung hat für die Aussage (für mich) Bedeutung? Ebenso können jedoch auch Fragen dieser Art die Richtung weisen: Wohin (und damit vielleicht auch wieder – an wen? –) muß ich mich wenden, um weiteres zu erfahren? Welche örtlichen oder räumlichen Verhältnisse (Bedingungen) sind innerhalb der Gesamtbetrachtungen zu berücksichtigen? Hier sei wieder einmal eine Zwischenbemerkung angebracht: Die Menge der Informationen, die ein jeder Mensch heutzutage zu bearbeiten hat, zwingt zu starker Selektion. Anders: Wir erhalten so viele Neuigkeiten, daß wir ohne strenge Auswahl nicht mehr mit unserer Zeit auskommen.

Auch das ist also eine »Frage«, die Sie sich ständig vorzulegen haben: Welche Aussagen (Informationen) übergehe ich bewußt, um mein volles Augenmerk auf die Dinge legen zu können, die mich voranbringen?

Wir wiederholen: In mancherlei Texten kommt dem WO? nur eine geringe oder gar keine Bedeutung zu. Halten Sie sich nicht mit dieser Frage auf, wenn dem so ist.

Fragen nach zeitlichen Bezügen

Nahezu gleiches gilt auch für das WANN?. Richtete sich die Frage WO? auf die örtlichen Beziehungen, so geht es nunmehr um die zeitlichen. Und so könnte die Wann-Frage formuliert sein:

Wann ist das geschehen oder abgelaufen, was mich hier beschäftigt?

Wann werden die geschilderten Ereignisse eintreten?

Welche Zeit ist zu berücksichtigen?

Berichtet ein Reporter über einen Verkehrsunfall oder ein sonstiges aktuelles Geschehen, dann wird der Zeitangabe, sicher bis in die Stunde hinein Informationsgehalt zukommen. Bei der Abfahrt von Zügen, dem Start von Flugzeugen, brauchen Sie es auf die Minute genau. Sogar Sekundenangaben (beispielsweise bei bestimmten chemischen Prozessen) können Aussagekraft haben. Geht es hingegen um den Bericht über eine neue Erfindung oder Aussagen über den »zeitlosen!« Wert eines Kunstwerkes, dann könnte die Zeitangabe über die Konstruktion völlig nichtssagend sein. So wägen Sie, im Sinne der notwendigen Selektionsarbeit, ob Sie die zeitlichen Aussagen erfassen müssen. Insbesondere, wenn Sie Informationen auf längere Zeit oder gar für die Dauer speichern müssen und folglich Lernakte vorzusehen haben, gilt es, sich zu beschränken. Von Satzgegenständen und Satzaussagen war oben die Rede. Als weiterer Hinweis mag genügen, daß wir mit dem WO? und dem WANN? über die sogenannten Satzergänzungen sprechen. Sie können sich, so ganz nebenbei, daraus ableiten, daß auch über Fragen nach den einzelnen Satzteilen ein Einstieg in Informationen möglich ist, Gedankenverbindungen veranschaulicht werden können.

Mit dem WIE? in den Kern des Problems

Die oben genannte Reihenfolge der W-Fragen ist nicht zwangsläufig. Sie können die Reihe umstellen. Mitunter ist das WAS? wichtiger als das WER? und sollte dann an die erste Stelle rücken. Wir sprachen auch davon, das WO? und WANN? überflüssig oder dort stark untergeordnet sein können. Dann fallen sie weg oder rücken ganz nach hinten. Stark in den Vordergrund könnte dann z. B. das WIE? treten.

Das WIE? richtet sich auf Ursachen, auf Folgen und Ablauf eines Geschehens. In Formulierungen lautet die Wie-Frage etwa so:

Wie ist es zu diesen Ereignissen gekommen (worin liegen die Gründe)?

Wie ist die ganze Handlung abgelaufen?

Wie (in welcher Form, Art und Weise) wird sich das Geschehen auswirken? Mit dieser Frage könnte es dann genug sein. Sie sehen aber auch schon, daß hier in ganz verschiedene Richtungen gefragt werden kann. Dann kommt es noch zu den Fragen warum, weshalb, wozu, wodurch, welche Art?

In der Praxis, in der WER? und WAS? vielleicht einfach und eindeutig zu beantworten sind, wird es beim WIE? die meisten Unterteilungen geben. Hier zeugen sich am deutlichsten Kunst und Fertigkeit, Fragen aufzustellen. Geben Sie sich nicht zufrieden, bis daß Sie auch die letzten Ursachen oder Folgerungen, soweit von Ihnen überschaubar, mit der Wie-Frage durchleuchtet haben. Das ist doch gerade der Unterschied zwischen jenen Menschen, die ihren Kopf gebrauchen, und anderen, daß erstere in Gedanken viele oder alle Möglichkeiten durchspielen.

Menschen, die es nicht so sehr mit dem Denken haben, nehmen die Dinge zwangsläufig hin. Dann gibt es zwar noch die Nörgler und Meckerer, die, die da schimpfen, wenn Ereignisse nicht ihren Wünschen entsprechen. Doch das wollen wir selbst dann nicht als wesentliche Denkarbeit betrachten, wenn dabei die sogenannten Biertischstrategien entwickelt werden, bei denen letzten Endes nicht die geringste Änderung der beschimpften Zustände erreicht wird.

Unterstreichen Sie: Mit der Frage WIE? — in vielfältigen Variationen — haben Sie das beste Hilfsmittel für Denkanstöße und Problemlösungen.

Die weiteren Fragen

Zunächst wollte ich diesen Abschnitt mit »Die letzten Fragen« überschreiben. Doch bis zu den letzten Fragen wird wohl niemand so recht durchdringen. Korrigieren Sie vielleicht auch so: Alle weiteren Fragen sind als Unterteilung der Wie-Frage zu betrachten.

Beginnen wir mit dem WARUM?

Schon diese Frage läßt sich vielfältig formulieren:

Warum ist es so gekommen und nicht anders?

Warum muß das Ergebnis sein und nicht jene Folge eintreten?

Es gibt Leute, die verwechseln schon warum mit worum.

Während worum nach der Sache fragt (Worum handelt es sich? = Um welche Sache geht es?), fragt warum nach dem Grund (Warum tun Sie das? = Aus welchem Grund tun Sie das?).

Da warum nach dem Grunde fragt, ist es der Frage: Wie kam es dazu? gleichzusetzen. Geht eine Frage auf den Grund aus, so ist WARUM? auf jeden Fall zu bevorzugen. Sie können es auch so betrachten: Geht die Frage auf die Ursachen zu, dann ist WARUM? richtig. In anderen Fällen, da die Frage mehr auf die Wirkung zugeht, fragt man treffender mit WOZU?. In anderer Formulierung: Zu welchem Zweck? Zwischen diesen beiden Fragen liegt das WESHALB?. Bei strenger Auslegung richtet sie sich nur auf Personen (Wessen halber). Mancher hält das WESHALB? für vornehmer als das WARUM? Das ist nicht ohne weiteres zu unterstreichen. Vielleicht klingt es nur so, weil es weniger häufig gebraucht wird. Sollten Sie sich nicht sicher sein, so bleiben Sie schon beim WARUM?, wenn Sie nach Gründen und beim WOZU?, wenn Sie nach Folgerungen fragen.

Vorschlag für Versuche

Ein Beispiel aus der Praxis meiner Lesekurse*:

Bei der Vorbereitung auf Lesearbeiten an Informationstexten, wenn es darauf ankommt, möglichst alle Informationen sicher aus dem Lesestoff herauszuholen, bedienen wir uns des W-Fragen-Systems auf folgende Weise:

---

* W. Zielke führt in der Öffentlichkeit laufend Seminare im »Rationellen Lesen« durch. Siehe auch die im gleichen Verlag erschienenen Buchtitel zu diesem Thema.

Auf einem Zettel in Briefbogengröße (DIN A 4) werden in einer Spalte links am Rande die Fragewörter wer — was — wo — wann — wie — warum? in Blockbuchstaben groß festgehalten. Sie sind über das ganze Blatt verteilt, so daß für jedes von ihnen ein Sechstel des Blattes reserviert ist. Rechts neben den Fragewörtern befinden sich Schreiblinien. Wer ohne Linien schreiben kann oder will, braucht sie nicht eigens zu ziehen (Sie können jedoch bei Einatz dieses Mittels gleich zu liniertem oder kariertem Papier greifen). Dann wird das Thema des Lesestoffes gegeben,

z. B. die Überschrift genannt. Nunmehr versuchen die Kursteilnehmer, die Fragen am Thema angesetzt, schon aus ihrer Vorkenntnis zu beantworten. Die Schreibarbeit ist dabei gering, da es genügt, die Antworten stichwortartig zu notieren. Beim Lesen (Leseübung) des Textes hat der Lesende zu vergleichen, wie weit der Text seine Vorkenntnisse bestätigt und gleichzeitig zu überprüfen, wie viele neue Antworten er aus dem Text zu den W-Fragen bekommt. Er kann dadurch sein Vorwissen ergänzen oder wird aus dem Text in seinen Vorkenntnissen bestätigt oder muß seine Vormeinung als falsch erkennen und dann berichtigen. Der Zwang, sich durch die Vornotizen zu Vorüberlegungen zu zwingen, wie gesagt, mit dem simplen Hilfsmittel der W-Fragen, bringt ihn dann schneller an die informative Aussage des Textes heran. Eine Zeit lang über die Notierarbeit gezwungen, sich seiner Denkarbeit bewußt zu werden, steigt der geschulte Leser dann später rein gewohnheitsmäßig mit Fragen in die Lesearbeit ein und schraubt damit, fast automatisch, seine Konzentration in die Höhe.

Versuchen Sie, als unser Leser und Williger in Sachen Fragetechnik, es doch einmal ähnlich, wenn Sie Informationstexte lesen.

Auch bei der Vorbereitung auf Vorträge, Vorlesungen, Lehrveranstaltungen können Sie sich ganz ähnlich einstimmen und damit Ihre Aufmerksamkeit erhöhen. So aktivieren Sie sich selbst und nehmen gewissermaßen einen fliegenden Start im geistigen Raum vor.

Das Wichtigste zu 2. in Merksätzen

- Obgleich der Kniff mit den W-Fragen schon den alten Römern vertraut war, ist er noch heute nützlich und brauchbar, wie zahlreiche Zeitungsberichte beweisen.
- Es kommt nicht auf die Zahl der Fragen an, sondern auf die Intensität dessen, der sich des Mittels bedient = die Frage stellt.
- Obgleich nicht bei jedem Text alle Fragen gestellt werden können bzw. Antwort erhalten, ist das Mittel brauchbar und wirksam.
- Arbeiten Sie so lange mit dem W-Fragen-System, als Sie keine besseren Fragenformulierungen haben.
- Fragen Sie immer zunächst danach, mit wem oder was Sie es in einem Text zu tun haben.
- Systematisch angesetzte und gezielt gerichtete Fragen können als ein geistiges Training aufgefaßt werden.
- Die ersten Fragen des Systems zielen auf Satzgegenstand und Satzaussage ab.
- Alle weiteren Fragen richten sich auf die Ergänzungen.
- Achten Sie auf die Art der gedanklichen Verbindungen zwi-

schen dem oder den WAS und dem oder den WER in Aussagen.

- Hohes Informationsangebot zwingt zur Selektion. Entscheiden Sie mit Ihren Fragen auch, an welchen Textstellen Sie Gedankenarbeit ansetzen und welche anderen Sie unbeachtet lassen sollten.
- Wenn räumlich-örtliche oder zeitliche Bezüge ohne Informationswert sind, so übergehen Sie es.
- Reihen Sie die W-Fragen nach eigenem Bedarf, die hier vorgegebene Reihe ist weder zwangsläufig noch bindend.
- Bemühen Sie sich hart und geben Sie sich nicht eher zufrieden, als bis Sie die Fragen gefunden haben, mit denen Sie ein Thema durchleuchten können.
- Besonders in der Frage WIE? haben Sie, in vielen Variationen, das beste Hilfsmittel für Denkanstöße
- Setzen Sie WARUM? ein, wenn es um Ursachen geht, und arbeiten Sie mit WOZU?, wenn Folgen zu bedenken sind.
- Als Hilfs- und Trainingsmittel der W-Fragen-Technik kann mit der stichwortartigen Niederschrift gearbeitet werden, ein einfaches Formular erleichtert die Arbeit.
- Gezielt angesetzte Vorfragen aktivieren die Denkarbeit und können in der Praxis als fliegender Start im geistigen Raum angesehen werden.

3

3. Ein bißchen Alltags-Fragenpsychologie

Am vielen Fragen erkennt man den Narren! Kaum ein Sprichwort ist unsinniger als dieses. Korrekt wäre: Am vielen klugen Fragen erkennt man den Weisen – der Narr fragt wenig oder dumm. Es kann natürlich sein, daß dieses Wort in einer Zeit entstand, als so mancher Weise ein Narrengewand anlegen mußte, um seine Meinung sagen zu können.

Wer viel fragt, bekommt viel Antwort. Diese andere Redensart sollte auch besser positiv ausgelegt werden. Die Umgangssprache tut das nicht, unterlegt dem Ausspruch einen negativen Klang und meint: Zu vieles Fragen führt zu so vielen Antworten, daß zuletzt niemand mehr weiß, was nunmehr zu tun sei. Das ist nur dann richtig, wenn die Fragen von vornherein falsch ansetzen oder sich an die falsche Person richten. Legen Sie den Spruch lieber auf diese Weise aus: Wer sich durch vieles geschicktes Fragen an ein Problem heranzutasten weiß, wird sicherlich so viele gute Antworten erhalten, daß es ihm leicht wird, das Problem zu lösen.

Manche Fragen sind gar keine

Wer fragt, will etwas wissen! Das gilt sehr oft selbst für die scheinbar gedankenlosen Gegenfragen wie Warum? Wozu? Menschen, die derart auf Anweisungen oder Aufträge reagieren, möchten gern den Grund dafür erfahren, weshalb sie etwas tun sollen.

Wer fragt, fordert damit den oder die Befragten auf, ihm etwas von ihrem Wissen abzugeben. Er möchte sich Informationen einhandeln. Mitunter auch ohne zu zahlen, aber das ist eine andere Sache.

Es gibt allerdings auch Fragenarten, gelegentlich heißt man sie Fragenimpulse, da geht es nicht um Wissensmehrung. Die Mutter, die den Sprößling scheinbar fragt: »Wo hast du dich nur so schmutzig machen können?« ist möglicherweise am Tatort gar nicht so stark interessiert, sie will ihn gar nicht beschrieben haben. Was sie vielmehr wollte: Einen Tadel aussprechen: So schmutzig kann man sich doch nirgendwo machen, wie du es getan hast!

Diese Art von Fragen klammern wir hier aus den Betrachtungen aus. Auch Ausrufe wie: Ist es denn die Möglichkeit? Ist das nicht schrecklich? Kannst du das begreifen? sind keine Fragen in unserem Sinne. Sicherlich ist darauf die Antwort schon vorprogrammiert. Man sieht ja, daß »es die Möglichkeit« war. Es kann einem selbstverständlich manches als schrecklich erscheinen, und *man* kann alles begreifen oder auch nicht.

Nochmals: Wir meinen hier Fragen, mit denen wir das Wissen oder den Rat und die Meinung eines anderen anzapfen wollen.

Ein wenig Vorbereitung ist immer nötig

Bevor Sie zu fragen beginnen, sollten Sie sich zu vergewissern suchen, daß der Befragte antworten kann oder will. Das ist gar nicht so selbstverständlich, wie es oberflächlich betrachtet scheint. Mancher will nicht, dann gibt es Komplikationen. Mancher kann nicht antworten, dann war die Frage auf jeden Fall falsch.

Wissensfragen an Unwissende zu stellen, kann höchstens dem Zweck dienen, diesen zu veranlassen, sich das Wissen zu verschaffen. Die Frage macht ihn auf eine Wissenslücke aufmerksam. Wenn er das als einen Mangel empfindet, wird er sie zu schließen trachten. In allen anderen Fällen sind solche Fragen recht unsinnig. Daß es Leute gibt, die sie dennoch stellen, um sich daran zu weiden, daß der andere etwas nicht weiß, gehört schon wieder nicht hierher.

Immerhin gibt es auch solche Fragen, die kann der andere zwar beantworten, besser gesagt: könnte, will es jedoch nicht. Ergo müssen Sie sich auch in dieser Richtung vergewissern. Jemanden mit Fragen zu durchbohren, führt anderenfalls dazu, falsche Antworten zu erhalten. Das ähnelt dann ein wenig jenen Elternantworten auf Kinderfragen, mit denen nicht das Lern- und Wissensbedürfnis des Kindes befriedigt wird, die vielmehr nur dazu dienen, dem geplagten Elternteil Ruhe zu verschaffen.

Allerdings, und das wird uns dann später noch im Kapitel über Dialektik beschäftigen, es finden sich noch Möglichkeiten, Auskunft selbst dann zu erhalten, wenn beim Befragten keine Antwortbereitschaft vorhanden ist. Bereiten Sie sich also vor, wenn Sie Antworten haben wollen. Bereiten Sie sich in beiden Richtungen vor: In bezug auf das Antwortenwollen und auf das Antwortenkönnen.

Fragen müssen ankommen

Haben Sie schon einmal darüber nachgedacht, daß Fragen mitunter nicht ankommen, ihren Adressaten nicht erreichen? Forschten Sie dann sorgfältig danach, woran es wohl liegen könnte? Sind Sie noch nicht darauf gekommen, daß es möglicherweise nur an Ihnen selbst liegt?

Daß ein Befragter Sie überhaupt nur anhört, ist schon nicht selbstverständlich. Daß er dann, wenn er Sie doch anhört, auch wirklich »hört« d. h. versteht, was Sie eigentlich wissen wollen, ist dann wieder eine Sache für sich. Dererlei Einsichten sind fast

Binsenweisheiten zu nennen. Ziehen Sie dennoch aus ihnen Ihre Einsichten und Folgerungen.

Sie wollen zunächst angehört werden? Das wollen *Sie*. Will der Befragte das ebenfalls? Es ist eine Sache seiner Motivation, seiner Neigung, fast bin ich jetzt geneigt zu sagen: seiner Zuneigung. Gelingt es Ihnen, daß Sie sich andere geneigt machen, dann werden Sie von denen auch die erwünschten Auskünfte erhalten.

Wie motivieren Sie den Befragten? Vielleicht sind es materielle Vorteile, die ihm das Wissen entlocken. Schließlich gibt es auch Berater und Auskunftsstellen, die allein davon leben, Fragen zu beantworten. Kann jemand mit Antworten gutes Geld verdienen, so wird er hinreichend motiviert sein, Ihnen gerecht zu werden. Oft läßt sich jedoch die notwendige Motivation kostenlos erreichen, über das Prestigedenken zum Beispiel.

Bitten Sie einen Menschen in geschickter Fragestellung um Auskunft, und er fühlt sich in seinem Ansehen so gehoben, daß er Ihnen gern die erbetenen Antworten erteilt. Fragen Sie mit Einleitungen, die sinngemäß so lauten:

Sie als anerkannter Fachmann werden mir sicherlich sagen können ...

Bei Ihrem großen Erfahrungsschatz wird es Ihnen ein Leichtes sein, mir zu erklären ...

Der gute Name, den Sie sich erwarben, läßt mich mit einer Frage zu Ihnen kommen ...

Ihre Erfolge lassen mich hoffen, daß Sie auch für folgendes Problem eine Lösung haben werden ...

Der gute Ruf, der Ihnen voraneilt, gibt mir den Mut, mich mit einer etwas diffizileren Frage an Sie zu wenden ...

Sagen wir es im Umgangsdeutsch: Machen Sie »Schönwetter«, stimmen Sie den, von dem Sie Auskunft begehren, freundlich. Mit einer guten Stimmung wird er auch auskunftswillig.

Richtig verstanden werden

Als Fragender können Sie sich auch als einen Lernwilligen betrachten. Erhalten Sie brauchbare Informationen, so sind Sie ein

Lernender. Früher mußte für gute Lehren viel Geld bezahlt werden. Taugte dann der Lernende nichts, so hieß es, daß er sich sein Lehrgeld wiedergeben lassen möge. Sie haben noch immer zu zahlen, wenn auch in einer anderen Währung. Die Währung ist der Aufwand an geistiger Arbeit, das Gold Ihrer Gedanken. Wenn Sie nun überlegen, daß Sprache nur die Codierungsform der Gedanken ist, dann werden Sie die treffenden Rückschlüsse ziehen, wenn einer Blech redet.

Den Nutzen, den Sie sich durch Antworten auf Ihre Fragen erhoffen, zahlen Sie auch mit dem Bemühen, den oder die Angesprochenen zu motivieren.

Ein weiteres ist es, verstanden zu werden. Wieder so eine Selbstverständlichkeit? Sie würden staunen, wenn Sie längere Zeit sorgfältig darauf achteten, wie oft die Menschen aneinander vorbeireden, weil sie einander nicht verstehen. Sie können sich nicht verständlich machen. Da spricht ein jeder seine ganz persönliche Fachsprache und besondere Betonung. Mit gleich klingenden Worten werden unterschiedliche Dinge bezeichnet. Ist es ein Wunder, wenn die Partner schon die Formulierung des anderen nicht begreifen? Dazu kommt, daß es noch unterschiedliche Sprachniveaus gibt.

Schließen Sie aus all dem, daß es auch auf die Formulierung Ihrer Fragen ankommen kann. Wollen Sie verstanden werden, ist beides wichtig:

Zum ersten, *wie* Sie den Befragten ansprechen, zum zweiten, mit welchen Formulierungen Sie das Gespräch in Gang setzen und in Gang halten.

Selbst Meinungen sind zu berücksichtigen

Jeder Mensch hat von den Dingen und Ereignissen, von den Menschen und ihrer Handlungsweise so seine eigene Meinung. Auch von Ihnen denkt man so oder so. Steht eine solche Meinung, so erwartet ihr Inhaber weiterhin immer genau das Verhalten, welches seiner Meinung entspricht.

Da gilt z. B. einer als ein Querulant. Nahezu alle anderen erwarten dann mehr oder weniger Unangenehmes in der Denk- und Handlungsweise dieses »Querulanten«. Da gilt ein anderer als notorischer Besserwisser. Auch seine harmloseste Frage kann dann verdächtig wirken, weil der Befragte erwartet, daß der Besserwisser ihn auf Glatteis führen will.

Wollen Sie, unser Leser, zu besten Antworten gelangen, dann bauen Sie sich einen guten Ruf auf. Achten Sie darauf, in den Ruf zu kommen, ein vielseitig interessiertes, lernbereites Mitglied der Gemeinschaft zu sein, dem man gut und gerne jede Frage beantworten kann.

Es gibt Menschen, die bewußt wenig fragen. Sie meinen, andernfalls zu den Dummen gezählt zu werden. Vielleicht werden sie das wirklich, aber ganz bestimmt nur von den echten Dummen.

Menschen, die fragen und zugeben, manches nicht zu wissen, zählen zu den Klugen. Wie anders sollten sie wohl zu all ihrer Klugheit gekommen sein, als durch das Lernen, also durch Fragen an Mehrwissende?

Sie werden es immer wieder bestätigt finden, daß in den Betrieben der Chef, der Direktor, der Manager, der Vorgesetzte, der sich von seinen Mitarbeitern etwas erklären läßt, großes Ansehen genießt. Größeres Ansehen auf jeden Fall als jene andere Kategorie Großkopferter, die nur hoheitsvoll durch den Betrieb schreitet und sich anscheinend zu schade dünkt, eine Frage an die Mitarbeiter zu richten.

Fort mit vorwurfsvollen Untertönen

Niemand kann alles wissen. Selbst der, der in seinem Bereich ein Top-Fachmann ist, trifft auf spezielle Fälle oder Situationen, in denen er nicht sofort alle Antworten auf Fragen bereit hat. Vielleicht zeigt sich gerade darin die Fachmannschaft, daß einem fortlaufend Grenzen bewußt werden. Menschen mit begrenztem Horizont sehen ihre Grenzen ja nicht.

Hüten Sie sich deshalb, in Ihre Fragen einen vorwurfsvollen

Ton einfließen zu lassen, wenn die ersten Antworten Sie nicht befriedigen.

Also keinesfalls so:

Wieso wissen Sie das denn nicht, bei Ihren Kenntnissen?

Wie kommt es, daß ausgerechnet Sie mir da keine Antwort geben können?

Wieso können Sie, als bekannter . . . hier nicht helfen?

Das sind schon recht bedenkliche Fragen. Ganz schlimm aber ist es auf diese Weise:

Wo haben Sie denn Ihre Fachkenntnisse erworben?

Was wissen Sie denn überhaupt, wenn nicht dieses?

Wie kann Ihnen das überhaupt passieren, hier ohne Antwort zu sein?

Wir sprechen hier von Fragen im Sinne von Auskunftsersuchen und solche Fragen dürfen nun einmal keine Vorwürfe enthalten, sie dürfen keinen Tadel in sich tragen und schon gar nicht mit boshaften Bemerkungen gespickt sein. Sind sie es doch, so haben sie ihren Zweck schon von vornherein verfehlt, denn mit Hilfe von Vorwürfen läßt sich kein Wissen herbeizwingen.

Im Gegenteil, wir wissen es aus dem Lehrbetrieb an Schulen, daß derartige Formulierungen sogar ein vorhandenes Wissen blokkieren können.

Was vom Befragten so gehalten wird

Es gehört nur ein wenig Einsicht dazu, um zu erfassen, daß der Ton, in dem eine Frage gestellt wird, ihre Form und die Art der Fragestellung zum Ausdruck bringen können, was ein Fragender von dem Befragten hält.

Wer einen Gastarbeiter in einer Art von Babysprache anredet, wird sicherlich den Eindruck erwecken, daß er nicht allzuviel von den Geistesleistungen dieses ausländischen Helfers hält. Ebenso falsch wäre es aber, in einem überspitzten Schreibdeutsch zu sprechen, weil sich auch darin Überheblichkeit (Angeberei) ausdrückt.

Mal wieder so nebenbei: Es gibt gar manchen Fragenden, der

hört immer nur das, was er sich vornahm hören zu wollen. Diese Personen brauchen dann erhebliches Training, um das zu hören, was ihnen wirklich gesagt wird.

Und ganz nebenbei: Viel fragen, um zu lernen, heißt auf keinen Fall, in die persönliche Sphäre des Befragten einzudringen. Fragen, die beispielsweise den Intimbereich berühren, darf vielleicht der Arzt oder ein besonders guter Freund stellen. Für andere sind sie ebenso verboten, wie solche, die den Befragten zwingen, eine Religionseinstellung oder politische Meinung bekanntzugeben, über die er jetzt eigentlich nicht sprechen möchte. Auch Fragen, die das Einkommen berühren, gehören gemeinhin in diese Kategorie. Wer durch taktlose Fragen andere zwingt, Persönliches preiszugeben, zeigt, daß er nicht viel von der Würde des Befragten hält.

Wer in seinen Fragen spüren lassen möchte, daß der andere die Meinung des Fragers erfährt, sollte positiv denken, sonst können auch die Antworten nur negative Ergebnisse sein.

Gefahren ungeschickten Fragens

Wie weit jemand bereit ist, Ihnen Fragen zu beantworten, hängt auch davon ab, wie weit er sich bloßstellen könnte oder etwas preiszugeben hat, das er lieber für sich behalten möchte. Deshalb sollten Sie sehr sorgfältig wägen, wieweit es für Ihr Auskunftsbegehren überhaupt erforderlich ist, die oben angedeuteten Grenzen zu überschreiten.

Falsche, taktlose, ungeschickte, dumme und provozierende Fragen bergen die Gefahr in sich, entweder keine Antwort zu erhalten oder daß der Fragende belogen wird.

Irgendwo dazwischen liegen dann noch die ausweichenden oder nichtssagenden Antworten, mit denen an den Dingen vorbei oder um sie herumgeredet wird. Fast möchte man es noch als den besten der möglichen Fälle bezeichnen, wenn jemand so zurückfragt:

»Was geht Sie das eigentlich an?«

Lassen Sie es aber möglichst nicht so weit kommen, denn sonst könnten Sie sich eine Auskunftsquelle für alle Zeit verschütten.

Das heißt Sie erhalten auch dann später keine Antworten mehr, wenn es dem Befragten nichts ausmacht, ja ihm sein Antwortverhalten gar förderlich sein könnte.

Begeben wir uns einmal auf die Seite dessen, der da befragt wird. Fühlen Sie sich jetzt als der, dem Fragen gestellt werden. Was würden Sie alles tun, um Fragen nicht beantworten zu müssen? Na — sehen Sie, sicher auch so manches weiter oben genannte. Vielleicht wollen Sie derartige Mittel nicht einsetzen. Dann könnten Sie indirekt eine Antwort umgehen, indem Sie sie als unwichtig, bedeutungslos hinstellen. Sie könnten es auch wie Politiker machen und einem Reporter antworten, daß seine Frage nicht mehr akut sei, daß das, was er fragt, gar keine Frage wäre, vielmehr die Probleme jetzt ganz andere seien . . ., und dann sprechen Sie von dem, was Sie sagen wollen. Natürlich läßt sich schlicht und offen auch sagen: »Das weiß ich nicht!« »Die Frage kann ich Ihnen beim besten Willen nicht beantworten!« »Das entzieht sich völlig meinen Kenntnissen!«

Nicht so gut, aber gelegentlich doch wirksam wäre es auch, eine Frage bewußt falsch zu verstehen, sie anders auszulegen, als sie offensichtlich gemeint ist. Dann antworten Sie auf eine gar nicht gestellte Frage:

Jemand fragt z. B.: »Sollten wir nach den Pannen nicht einen anderen Mann in den Vereinsvorstand wählen?« Sie antworten »Fehler in unserer Organisation sollten uns veranlassen, die Vereinssatzung zu überprüfen!«

Und wie wäre es mit sauberer, offener, ehrlicher Antwort gleich dieser: »Auf diese Frage möchte ich nicht antworten!« »Bitte verzichten Sie auf eine Antwort, die uns beide nur in Verlegenheit bringen würde!«

»Darauf antworte ich Ihnen besser nicht!«

Um etwas mehr Objektivität bemühen

Alle reden von Objektivität . . . könnte ein bekannter Werbespruch abgewandelt werden. Aber wer ist wirklich objektiv. Wem gelingt es schon, völlig unparteiisch zu sein? Mit der absoluten

Neutralität ist es ganz ähnlich. Fordern oder raten wir ein wenig bescheidener: Bemühen Sie sich, bei der Formulierung von Fragen möglichst keine Vorwerte (und schon gar keine Vorurteile) aufzustellen. Es ist schon ein gewaltiger Unterschied, ob Sie fragen: »Wer ist der Herr dort drüben?« oder »Wer ist denn der Kerl da?« »Wer ist der Mann dort?« wäre einigermaßen objektiv. Mit dem Wörtchen »Herr« machen Sie fast so etwas wie eine kleine Verbeugung, das Wort »Kerl« kann beinahe schon als ein Fußtritt bezeichnet werden.

Sicher wird es meist nicht ganz so grob und übertrieben sein. Aber es ist nicht allein der Ton, hier müßte gesagt werden: die Betonung, die es macht, es ist auch das recht gewählte Wort.

Es wird gern von wertneutralen Wörtern gesprochen, obgleich es höchstwahrscheinlich kaum eine absolute Wertfreiheit gibt. Auch die Wahl des Wortes »Mann« im obigen Beispiel ist eine Wertung. Sie könnte sogar ironisch gemeint sein wenn es sich um einen sehr jungen Burschen handelt, im gleichen Fall aber auch die Anerkennung der Männlichkeit des Jünglings.

Achten Sie auf die Wertung, die in der gewählten Bezeichnung liegt: »Er kam zu mir.« ist nicht das gleiche wie: »Er stürzte auf mich zu.« Denken Sie auch daran, daß in unterschiedlichen Zeiten oder an verschiedenen Orten dem gleichen Wort unterschiedliche Wertungen zukommen können. In der Luther-Bibel ist »Narr« noch ein böses Schimpfwort und »Weib« die übliche Bezeichnung für Frau. Heute hat sich die Bedeutung des einen Wortes verharmlost, gewissermaßen verbessert, die des anderen verschlechtert.

Wenn es im Berliner Jargon heißt: »Du bis ma vielleicht een Aas!« Dann ist das fast schon eine Anerkennung meint so viel wie »schlauer Fuchs«. In anderen Regionen wäre die gleiche Formulierung eine grobe Beleidigung. Auf dem Lande (Vorsicht! Es muß nicht immer stimmen) oder in Kreisen von kräftig körperlich Schaffenden, beispielsweise in Werkstätten, herrscht mitunter eine recht derbe Umgangssprache. Wenn hingegen Lehrer durch Fäkalinjurien zeigen wollen, wie progressiv sie seien, so finde ich das recht »anrüchig. Kurz: Es gibt Worte, die sind zu mancher Zeit und an manchem Ort fehl am Platz. Denken Sie daran, wenn Sie Fragen formulieren.

Worauf Sie beim Fragenstellen achten sollten

Klare Fragen beginnen sehr oft mit einem unmißverständlichen Fragewort. Das Fragewort sagt dem Angesprochenen sofort, daß eine Frage kommt, daß eine Antwort erwartet wird, er kann sich darauf einstellen. Wir sprachen ja schon im vorigen Kapitel über den Nutzen bestimmter Fragewörter. *Wie* lautet der pythagoreische Lehrsatz? *Welches* Verhältnis haben die Inhalte der Quadrate über den Katheten zu dem über der Hypothenuse? *Wann* kann ich mit Ihrer Auskunft rechnen? *Wieso* glauben Sie das? Auch ein Tätigkeitswort macht sich am Anfang eines Fragesatzes recht gut: *Kannten* die alten Germanen Steinhäuser? *Gewähren* Sie mir etwas Zeit? *Ergeben* sich daraus Konsequenzen? *Haben* Sie heut' Zeit für mich?

Achten Sie auf Kürze! Ein Ratgeber für Briefschreiber unserer Tage ist der Meinung: Kürze ist die neue Höflichkeit. Es ist vielfach besser, einer kurzen Frage, die Aufmerksamkeit weckt, eine Erklärung anzuhängen, als schon alles an Aussagen und zusätzlichen Erklärungen in die Frage selbst hineinzupacken.

Will man einen Leser zum Überlegen und In-sich-Forschen anregen und fragt ihn: Lesen Sie mit Denkpausen? Dann bedarf das zwar einer kurzen Erklärung (nämlich, daß beim Lesen ohne gezielte und bewußte Mitdenkpausen die einzelnen Informationen nicht sicher genug aufgenommen und gespeichert werden können), aber er ist zunächst einmal aufmerksam geworden und fragt sich nun wirklich, ob er die richtige Lesetechnik hat.

Stellen Sie auch immer nur eine Frage, d. h. eine Frage nach der anderen.

Wer immer ganze Fragenbündel mit einem Male vorlegt, darf sich nicht wundern, wenn der Befragte einiges überhört. Zuguterletzt kommen dann gar keine Antworten mehr, weil dazu einfach keine Zeit gelassen wird. Also bombardieren Sie Ihr Gegenüber nicht mit Fragen. Setzen Sie vielmehr Frage an Frage, so daß Sie über die einzelnen zu gebenden Antworten an Ihr Ziel kommen.

Das Wichtigste zu 3. in Merksätzen

- Am klugen Fragen erkennt man den Weisen.
- Wer fragt, will etwas wissen und muß darum die Frage so abstimmen, daß seinem Willen entsprochen wird.
- Vor dem Fragen vergewissern, daß der Befragte antworten kann oder will.
- Gutes Fragen erfordert sorgfältige Vorbereitung beim Fragenden.
- Nachforschen, ob es nicht an einem selbst (am Fragenden) liegt, wenn die gewünschten Antworten nicht kommen.
- Motivieren Sie den zu Befragenden, machen Sie ihn sich geneigt.
- Sprechen Sie in Ihrer Frageformulierung das Prestigedenken des zu Befragenden an.
- Für Antworten, die Ihnen nützen, haben Sie zu zahlen und sei es in der Währung Ihrer Arbeitsmühe und Ihrer Bemühungen um den zu Befragenden.
- Wählen Sie Worte und Ton so, daß Sie sicher gehen, verstanden zu werden.
- Bauen Sie sich einen guten Ruf auf, denn von der Meinung, die andere von Ihnen haben, hängt deren Antwortverhalten wesentlich ab.
- Wer geschickt zu fragen weiß, erhält immer größere Anerkennung als andere, die sich zum Fragen für zu fein halten.
- Vermeiden Sie streng vorwurfsvolle Untertöne, wenn Antworten nicht Ihren Erwartungen entsprechen.
- Dringen Sie mit Fragen nicht in Sphären, innerhalb der der Befragte für sich bleiben möchte.
- Versetzen Sie sich selbst in den Befragten und bauen Sie aus dessen Sicht Ihre Fragen auf.
- Durchdenken Sie dabei auch die Möglichkeiten, auf korrekte Weise Fragen unbeantwortet zu lassen.
- Bemühen Sie sich, so weit das möglich ist, bei der Formulierung Ihrer Fragen objektiv zu sein.
- Übersehen Sie nicht, daß die gleichen Worte an verschiedenen

Orten oder zu verschiedenen Zeiten auch unterschiedlich ausgelegt werden.

- Achten Sie auf Kürze der Fragen und stellen Sie eine Frage nach der anderen. Befragte nicht bombardieren.

4

4. Fragebogen mal ganz anders

Dudens Bedeutungswörterbuch und die mir bekannten Lexika finden es anscheinend unter ihrer Würde, das Wort »Fragebogen« auch nur zu erwähnen. Vielleicht, weil uns ein solches Stück Papier gelegentlich schon Ärger und Mühe bereitete! Das Spottwort »Von der Wiege bis zur Bahre – Formulare – Formulare« meint zu einem nicht geringen Teil jene Blätter, in die man seitenweise Antworten auf alle möglichen und viele unmögliche Fragen geben soll.

Eingedenk dieser Tatsachen und mit der Erfahrung einiger Jahrzehnte, sei dennoch hier ein Kapitel zu Lob und Nutzen von Fragebogen geschrieben. Allerdings ist hier manches anders. Zunächst einmal schon das: Nicht irgendwer will da bei Ihnen schnüffeln, sondern Sie selbst sind es dieses Mal, der die Fragen stellt. Sie selbst stellen sich Fragen, die wiederum Ihnen selbst Auskunft, Rat und Hilfe geben sollen.

Vorteile des Schriftlichen

Wer schreibt, der bleibt, sagt sinnreich, wenn auch grammatikalisch nicht ganz richtig, der oft zitierte Volksmund und meint damit, daß durch Schreibarbeit nachhaltigere Wirkungen, dauerhaftere Arbeitsergebnisse erzielt werden. Wer zu viel schreibt, könnte auch auf der Strecke bleiben und vor lauter Schreibarbeit gar nicht weiter kommen. Richtig ist es zweifellos, daß mit der Arbeit des Schreibens an und für sich von vornherein zwei Vorteile verbunden sein können. Der erste besteht darin, daß die Tätigkeit, die körpermotorische Aktivität, zu nachhaltigeren Eindrücken des Gedächtnisses führt. Man muß hinschauen, auf seine Arbeit achten, das zwingt dann schon wieder zur höheren Konzentration. Es bedarf auch etwas mehr Zeit, als wenn man »nur so« denkt, ergo muß sich das Erarbeitete weiter vertiefen. Der andere Vorteil: Mit dem Schreiben macht man sich die Gedankenarbeit sichtbar. Es gibt auch andere Mittel, wie Werken oder Zeichnen, doch lassen diese sich nicht überall einsetzen.

Anders betrachtet: Mit der Niederschrift können Sie sich selbst vor Augen stellen, wie Sie denken oder gedacht haben, und es notfalls auch Anderen beweisen. Wer ein Problem nur im Kopf durchgeht, kann sich mitunter täuschen. Er glaubt, alles bedacht zu haben und erfährt erst später durch Fehler oder Mängel, daß es irgendwo Denklücken geben muß.

Schreiben Sie Gedanken nieder, so zeigt es sich sofort, wo die Lücken sind. Entweder lassen sie sich dann unmittelbar schließen, oder es zeigt sich deutlich, wo Informationen fehlen, die erst noch einzuholen sind.

Leider ist Schreibarbeit aufwendig und damit zeitraubend und von allerlei Regeln belastet. Regeln gibt z. B. die Schrift als solche. Hier können Sie sich mit Kurzschrift und Formelzeichen, Symbolen und Sinnbildern helfen. Andere Regeln erwachsen Ihnen aus Rechtschreibung und Grammatik. Wieder andere ganz einfach aus der sprachlichen Weitschweifigkeit, wenn wir Aussagegehalt und Information in Relation setzen – der Sprechstil will es so. Hier können nun Schemata und Fragebogen helfen. Wenn allein die Stelle auf dem Papier, die Rubrik, in die Sie etwas einsetzen, schon Aussagewert hat, ist es nicht nötig, das jedesmal in vielen Worten zu beschreiben. Sehen wir uns das an einem ersten Beispiel an.

Fragebogen für Lernende und Lehrende

Nehmen wir an, Sie wollten sich in einen Lernstoff einarbeiten. Der Stoff ist umfangreich, besteht vielleicht aus mehreren Büchern. Erstellen Sie sich einen solchen Fragebogen:

Lernstoff-Titel Seitenzahl (Bezeichnung)	weiß ?	soll ?	werde ?	muß ?	nicht ?

Sinn der im folgenden beschriebenen Arbeit mit diesem Formular ist es, sich zunächst einen Überblick zu verschaffen und festzulegen, wie im folgenden bei der Lernarbeit vorgegangen wird. In den Zeilen der vorderen breiten Spalte wird die Bezeichnung des Lehrstoffes eingetragen, beispielsweise der Buchtitel. Geht es nur um ein Buch oder längere Zeit um denselben Lernstoff, dann genügt es, ihn einmal aufzuschreiben und im folgenden nur die Seitenzahlen zu notieren. Bei vielen Einzelstücken, beispielsweise Aufsätzen, die aus verschiedenen Zeitschriften stammen, müssen natürlich Titel und Quelle so genau bezeichnet sein, daß der Aufsatz jederzeit schnell wiedergefunden werden kann. Während eines ersten zügigen, aber doch sehr konzentriert durchzuführenden Durchlesens (Überblickens), legt sich der Lernwillige nunmehr die Fragen vor, die in den rechten Spalten benannt sind. Passagen im Lernstoff, die ihm bekannt sind, erhalten in der Spalte »weiß« (Was da geschrieben steht, ist bereits bekannt.) ein Kreuz. Bei späterem Nachfassen werden sie übergangen. In der zweiten Spalte, mit »soll« überschrieben, kreuzt der Lernende ein, was er später zwar beachten sollte, aber nicht so wichtig ist, daß er es auswendig beherrschen muß. Passagen im Lernstoff, die so kenntlich gemacht sind, werden vielleicht noch im zweiten Durchgang gelesen, aber später zurückgestellt. Die dritte Spalte — »werde« — nimmt Kreuze neben den Textaussagen auf, die der Lernende aus Gründen, die er selbst verantwortet oder bestimmt, intensiver bearbeiten will. Vielleicht einfach, weil die Aussagen interessant sind, vielleicht auch, weil sie in bezug auf andere Arbeiten, also nicht der vorliegenden Lernaufgabe, später bearbeitet werden müssen. Von hier an können zusätzlich zu den Kreuzen oder auch gleich an ihrer Stelle Kurzhinweise in die Rubriken aufgenommen werden. Z. B. der Hinweis a = abzeichnen, oder der Hinweis n = nachschlagen oder der Hinweis Lb = Lehrer befragen. Diese Beispiele mögen genügen. Es ist eine Vielzahl von Hinweisen denkbar, und in der Praxis könnte es von Vorteil sein, auf eine andere Notiz oder Arbeit zu verweisen.

Dann kommt die Spalte »muß«, in ihr kreuzt der Lernende an, was er nun, aus welchen Gründen auch immer, wirklich erlernen muß. Vielleicht ist einer dieser Gründe der Lehrer, der die Aufgabe stellt, ein anderer die Prüfung, in der dieser Stoff abgefragt wird, vielleicht die Nutzbarkeit der Praxis. Auch hier ist wieder eine große Zahl von Hinweisen auf die Art der Lernarbeit denkbar (auswendig lernen, Anwendungsbeispiele suchen, in statistisches Schaubild fassen . . .).

In der Spalte »nicht« wird schließlich der Stoff kenntlich gemacht, der nicht bearbeitet werden soll, die Gründe könnten wieder als Kurzzeichen verdeutlicht werden. Wir wissen, daß viele Lehrbücher und Fachaufsätze Informationen anbieten, die für eine vorliegende Lern- oder Informationsabsicht nicht relevant sind (Oh, du liebe Eitelkeit der Wissenden!). Das macht Aufsätze umfangreich und Bücher dick. Der Leser muß auswählen, sich entscheiden wo und wann er für seine Arbeit einen reellen Gegenwert einhandelt.

Dieser Fragebogen klärt also bei durchzuarbeitenden Lernstoffen die Fragen:

Was weiß ich von den angebotenen Aussagen bereits und kann es folglich später im Stoff übergehen? (Spalte »weiß«)

Worauf sollte ich zwar das Augenmerk gelegentlich richten, brauche es aber nicht zu erlernen? (Spalte »soll«)

Was werde und will ich mir genauer ansehen, einprägen oder später sorgfältiger durcharbeiten, brauche ich mir aber jetzt nicht bis ins letzte einzuprägen? (Spalte »werde«)

Was muß unbedingt erlernt werden? (Spalte »muß«)

Was sollte ich, aus welchen Gründen immer, unbeachtet lassen, obwohl ich es noch nicht weiß? (Spalte »nicht«)

So könnte der »ausgefüllte« Fragebogen etwa aussehen:

Lernstoff-Titel Seitenzahl (Bezeichnung)	weiß ?	soll ?	werde ?	muß ?	nicht ?
Corell: Motivation/Überzeugung					
Einleitung (7)		X			
Begriff (9–12)			später X		
Grundbedürfnis (13, 14)	X				
" (15, 16, 17, 18)			Namen nach- schlag		
" (19, 20)			X nach- zeichnen		
" (21/28)				sinn- gemäß	
Stimmhöhe/-stärke 78/80	X				
Übungen 81/83					X andere

Aufmerksame Lehrer werden an diesen Beispielen sofort erkennen, daß sich dieser »Fragebogen« auch für die Aufbereitung von Lehrstoff oder Vorbereitung von Lehrdarbietungen eignet. Wenn der Betriebsausbilder z. B. zunächst in grober Form seine Absichten hinsichtlich der Unterrichtsdarbietung auflistet und sodann in den Fragerubriken, sozusagen sich selbst fragend, kenntlich macht, was er als gewußt (Spalte »weiß«) voraussetzen darf; woran er anknüpfen oder erinnern kann; was zwar gesagt werden soll, aber nicht erlernt zu werden braucht (Spalte »soll«), was später oder an anderem Ort darzubieten wäre (Spalte »muß«), und was er doch besser gar nicht erst vorträgt (Spalte »nicht«); so hilft ihm das ebenso wirksamer zu lehren, wie der Lernende zuvor seine Arbeit zu ökonomisieren trachtete.

Und all die anderen Aufmerksamen? Nun, nicht nur Lernende und Lehrende (obwohl Informationsdarbietung und -aufnahme immer mit lernen und lehren zu tun haben), sondern auch viele andere, die Probleme zu lösen trachten, werden mit solchen Fragebogen rationeller arbeiten können.

Selektion ist unerläßlich

Mit dem vorigen Bogen ging es vor allem um eine Gewichtung des im weiteren zu bearbeitenden Stoffes. Sie können ihn als Hilfsmittel der unerläßlichen Selektionsarbeit betrachten.

Vielleicht kommen Sie jedoch mit unserem nachfolgenden Vorschlag noch besser zurecht. Wieder geht es darum, eine Vorwahl zu treffen, näher zu bestimmen, wie später weiterverfahren werden soll und zugleich jene Arbeitspartien auszusondern, die entweder von keiner oder untergeordneter Bedeutung sind, oder ganz einfach von anderen zu erledigen wären.

Spricht das Formular nicht schon für sich? Nun, dann für die anderen eine Kurzerklärung dieses Fragebogens:

Unter »Was?« wird aufgelistet, was überhaupt zu tun ist.

Unter »Was nicht?« schreiben Sie die Dinge, die Sie zunächst zu

Was?	Was nicht?	An wen?	Fehler?	Wie?	Kontrolle

tun müssen glaubten, die aber nicht oder nicht von Ihnen zu erledigen sind.

In »An wen?« kommt dann der Hinweis für die Delegation, d. h. auf den, der die Arbeit erledigen soll.

Unter »Fehler« tragen Sie später ein, wenn was daneben ging.

Die Spalte »Wie?« erhält Hinweise darauf, auf welche Weise die Arbeit zu erledigen ist.

Unter »Kontrolle« kommen Stichworte zum Arbeitsfortgang oder zur Erledigung.

Fragebogen für das Zeitmanagement

So wie mit dem vorigen Beispiel eines »Fragebogens« können Sie auch mit dem folgenden zunächst (jedesmal in der Spalte linksaußen) die für einen Tag anfallenden Arbeiten auflisten.

Wollen Sie nunmehr etwas Zeitmanagement betreiben und Entscheidungsgrundlagen für eigenes Tun und Lassen, sowie die Vorgabe von Arbeiten an andere haben, dann kreuzen Sie in den rechten Rubriken wieder an den richtigen Stellen ein. Alles andere ergibt sich dann ja nahezu zwangsläufig:

Art der Arbeit eines normalen Tages (stichwortartige Auflistung)	Wichtigkeitsgrad der Arbeit hier festlegen					Entscheidung		etwaiger Zeitbedarf
	lebens-wichtig	wichtig	nötig	unnötig	unsinnig	muß selbst getan werden	kann (soll) delegiert werden	

Wer sich auf diese Weise vor Augen stellt, was unnötig ist und es dennoch tut, muß das dann selbst verantworten. Beim Unsinnigen ist es nicht immer klar. Mancher gibt sich dem Unsinn hin, um Sorgen abzuschalten. Dann hat Unsinn wieder einen Sinn. Aber mal wieder ernst: Auf welch schlichte Weise kann sich ein Vorwärtsfragender recht gut und schnell ein Bild machen, und zwar im wahrsten Sinne des Wortes, wie künftig zu verfahren ist.

Nutzen Sie Ihre Zeit besser aus

Im voranstehenden Beispiel eines unserer Fragebogen ging es, wie die äußerst rechts stehende Spalte deutlich macht, darum, festzustellen, wo die Zeit bleibt bzw. die Zeit besser zu nutzen. Zu besserer Zeitnutzung kommen Sie wahrscheinlich immer erst dann, wenn Sie sich genau klar gemacht haben, wofür Sie Ihre Zeit überhaupt einsetzen. Mit dem nächsten Muster eines Fragebogens können Sie das tun. Wir sagten »Muster«, um Ihnen deutlich zu

Wie verteilt sich Ihre Arbeitszeit?

Schätzen Sie es ab, wenn Sie es nicht wissen, besser ist es, sich eine zeitlang genau zu beobachten, sprich: den Zeitverbrauch zu protokollieren.

Arbeitszeit für das Lesen insgesamt:	davon Informationen	→
	Korrespondenz	→
	Sonstiges	→
Arbeitszeit für das Schreiben insgesamt	davon Korrespondenz	→
	Berichte / Aktennotizen	→
	Sonstiges	→
Arbeitszeit für Besprechungen insgesamt	davon mit Vorgesetzten	→
	mit Mitarbeitern	→
	mit Kunden, Besuchern etc.	→
Arbeitszeit für Telefonate	davon dienstlich	→
	davon privat	→
Arbeitszeit für Rechenarbeiten	für	→
	für	→
	für	→
Arbeitszeit für Zeichenarbeiten	für	→
	für	→
Sonstige Arbeitszeiten insgesamt	für	→
	für	→
	für	→

machen, daß wir Ihnen hier Vorschläge bringen und Beispiele geben. Wir verkennen nicht, und Sie sollten es auch nicht tun, daß all diese Muster verbesserungsfähig sind. Sie sind für den individuellen Bedarf vielleicht sogar verbesserungsnötig. Also verbessern Sie sie für Ihre Anliegen.

Sie können statt der gemessenen oder geschätzten Arbeitszeiten die Werte auch in Prozentzahlen ausdrücken.

Also: 20% der Arbeitszeit für das Lesen, 24% für das Schreiben, 30% für Besprechungen usw. Achten Sie darauf, daß Sie nicht mehr als 100% zusammenbekommen. Wenn Sie dann die Hauptrubriken weiter unterteilen, z. B. 10% Informationslesen, 5% für die Korrespondenz und die anderen 5% für Sonstiges, so können Sie noch genauer sehen, wo die Zeit bleibt und (vielleicht in Kombination mit dem vorigen Fragebogen) festlegen, wo Sie einsparen, delegieren oder umstellen wollen. Mitunter sagt auch die Mühe, die Sie haben, wenn Sie feststellen wollen, wo Ihre Zeit bleibt, etwas über Ihre Arbeitsweise aus. Wem es nicht gelingt, sich Klarheit über seine Arbeiten und deren Zeitverbrauch zu verschaffen, der arbeitet möglicherweise sehr unsystematisch. Er könnte, vielleicht durch Zusammenfassen vieler über den Tag verteilter ähnlicher Arbeiten zu Blöcken, einen erheblichen Zeitgewinn erzielen. Wer z. B. seine Telefonate zu einem Block zusammenfaßt und sie nicht mehr überall zwischendurch einschiebt, wäre schon auf dem rechten Wege zur Zeitersparnis.

Fragebogen als Störungsanalyse

Da Zeit nun einmal das kostbarste ist, das wir haben; sie geht ja laufend unwiederbringlich dahin, wäre es vielleicht gar nicht schlecht, sich Klarheit über zeitfressende Störungen zu machen. Mit einem Fragebogen dieser Art können Sie das tun:

Störungsübersicht und -untersuchung								
Art der Störung (Bezeichnung)	Sammelbegriffe						Zeitdauer	Wie künftig zu vermeiden?
	Telefon	Geräusche	Mitarbeiter	Besucher	Störgedanken	Abrufe		

Bei diesem speziellen Fragebogen kann die Rubrik »Wie künftig zu vermeiden« besonders wichtig sein, dann ist, mit entsprechender Verbreiterung der Spalte, das Format quer zu nehmen. Die Massierung von Kreuzen in einer der unter »Sammelbegriffe« zusammengefaßten Spalten, gibt Hinweise auf Schwerpunkte von Störungen. Treten in einer besonders viele Störungen zutage, wäre es nötig, dort den Hebel zuerst anzusetzen und eine Änderung herbeizuführen.

Das ist überhaupt einer der Vorteile der Arbeit mit Fragebogen oder, wie wir sagten, der optischen Verdeutlichung der Fragen und Gedanken, da mit einem Blick zu sehen ist, wo es lohnt, Aktivitäten einzusetzen.

Ein ganz besonderer Fragebogen

Um Aktivitäten, Maßnahmen in den Bereichen Vergangenes, Gegenwärtiges und Künftiges besser zu überblicken, wurde der letzte der hier vorzustellenden Fragebogen entwickelt. Er soll zugleich

Muster dafür sein, daß Fragebogen durchaus nicht immer die Form von Listen haben müssen. Wir nennen die Arbeit mit ihm die Problemanalyse mit anzustrebendem Lösungsversuch oder Lösungsvorschlag. Der Bogen ist unterteilt in ein Feld »Problemkennzeichnung« und ein anderes »Problemlösung« (Lösungsvorschlag). Letzteres bekommt wieder Tabellencharakter und kann bei Bedarf auf weiteren Bogen fortgesetzt werden. Sinn des Ganzen ist es vorzugsweise, auf einem Blatt das ganze Problem zunächst zu umreißen und dabei möglichst alle berührenden bzw. Einfluß nehmenden Fakten zueinanderzuordnen. Auch für diesen Bogen sind, je nach Spezifika der anstehenden Probleme, unterschiedliche Formen denkbar. In Gruppenarbeiten von Seminaren, die ich zum Thema »Methodik geistiger Arbeit« durchführte, wurden dabei schon sehr interessante Entwürfe erarbeitet.

Bei der praktischen Arbeit mit derartigen Blättern zeigte es sich, daß mitunter erst die Einteilung auf einem DIN A 3-Blatt genügend Platz für die Eintragungen gibt.

Die hier eingezeichnete Mittelachse ist nur eine gedachte Linie und im Formularblatt selbst nicht vorhanden. Oberhalb dieser Linie liegt das Vergangene, die Entwicklung, die Geschehnisse und Einwirkungen, die zum Problem führten. Es liegt aber auch hier schon der Versuch zu einer Lösung in der in diesem Feld zu beantwortenden Frage: Wie wäre es zu verhindern gewesen, daß das Problem überhaupt auftrat? Unterhalb der Mittelachse, sozusagen nahtlos übergehend, liegen die Ansätze für die künftige Lösung.

Das Problem selbst ist im Zentrum in Worten zu umreißen. Hier beginnt also die Arbeit. Ist das Problem bei Namen genannt, so wird versucht, die Entwicklung rückwärts zu verfolgen. Dadurch zeigt es sich mitunter gleich, wie es zu verhindern gewesen wäre. Der Zeitverbrauch wird besonders herausgehoben. Die Beteiligten, sowohl in der Vergangenheit als auch bei der künftigen Lösung (oft werden es ja dieselben Personen sein) erscheinen übersichtlich im schmalen Feld links neben dem Problem. Rechts daneben finden sich die Zusammenstellung der Mittel und Materialien. Unterhalb des Problemfeldes, also optisch für die Zukunft verdeutlicht sind, wieder betont hervorgehoben, Zeitdauer bzw. wichtige Termine.

Problemanalyse mit Ansatz für einen Lösungsvorschlag

Problemkennzeichnung

Entwicklung/ Wie kam es dazu?	Verhinderung/ Wie wäre es zu verhindern gewesen?

Beteiligte
Betroffene?

Anzusprechende

Zeitverbrauch

Das Problem
(in Stichworten)

Zeitdauer/ Termine

Benötigte
Mittel und
Material

Wo und wie
zu be-
schaffen?

Problemlösung (Lösungsansatz)

Reihe der Maßnahmen	Sachbearbeiter	Mittel Material	Zeiten Termine

Und dann wird, in der Entwicklung aus allen bisherigen Eintragungen im unteren Drittel des Blattes (bei Bedarf auch auf weiteren Blättern) systematisch aufgeführt, was nunmehr zu geschehen hat, damit das Problem gelöst wird.

Arbeitsmittel zur Fragenbeantwortung

Hin und wieder hört man den Einwand, das alles sei zu aufwendig. Das Gegenteil ist der Fall. Wenn Sie sich mit Hilfe von unseren Fragebogen oder anderen, die Sie aufgrund unserer Anregungen maßschneidern, Fragen zu beantworten suchen, so kommen Sie sicherer zu den Antworten, als wenn Sie Fragen nur so in den Raum stellen.

Der Müheaufwand lohnt sich besonders bei umfangreicheren oder langdauernden Problemen. Aber auch für Momentlösungen gibt es schon Formulare. Wir wollen sie nicht unbedingt Fragebogen nennen, doch sie gehören hier in die Betrachtungen. Hier

An

Datum Uhrzeit

Was war inzwischen?

Herr/Frau/Frl.

von

Telefon

rief an ☐	erbittet Rückruf ☐
war hier ☐	ruft wieder an ☐
möchte Sie treffen ☐	rief zurück ☐

Nachricht

Unterschrift

Copyright und Bezugsquelle: Bestell-Nummer 961009
memoform, 8 München 50, Ehrenbreitsteinerstr. 36

Bitte erledigen Datum

Wie erledigt?

Datum Unterschrift

Copyright und Bezugsquelle: memoform 8 München 50 Ehrenbreitsteiner Str. 36
Bestell-Nr. 961004

haben Sie zwei Beispiele aus einer großen Zahl von ähnlichen Hilfsmitteln (Fordern Sie ausführliches Prospektmaterial vom Verlag memoform, Mühlstraße 25, 8918 Dießen an):

Das Wichtigste in Merksätzen

- Körpermotorische Aktivität, wie beim Schreiben eingesetzt, führt zu nachhaltigeren Sinneseindrücken bei der Gedächtnisarbeit.
- Mit Hilfe von Schreibarbeit können Gedankenvorgänge optisch verdeutlicht werden.
- Fragebogen helfen, Informationen deutlicher herauszustellen.
- Für Lernende ist es hilfreich, sich die vor ihnen liegende Lernarbeit mit Hilfe eines speziellen Fragebogens festzulegen.
- Mit leichten Abwandlungen kann das gleiche Hilfsmittel auch zur Vorbereitung einer Lehrtätigkeit eingesetzt werden.
- Fragebogen erlauben es ebenso, die unerläßlichen Selektionsarbeiten zu erleichtern.
- Legen Sie, mit eigens dafür geschaffenem Formular fest, welchen Wichtigkeitsgrad Ihre einzelnen Arbeiten haben.
- Checken Sie ebenso ab, wie sich Ihre Arbeitszeit verteilt.
- Macht es Mühe festzustellen, wo die eigene Arbeitszeit bleibt, so kann das schon der Hinweis auf unökonomisches Arbeiten sein.
- Ein besonderer Fragebogen eignet sich, als Störungsanalyse eingesetzt zu werden.
- Fragebogen müssen nicht die Form von Listen haben, sondern können z. B. die zu klärenden Fragen blockweise zusammenstellen.
- Mancherlei Hilfsmittel werden heute schon im Handel angeboten und können für das bessere »Vorwärtsfragen« herangezogen werden.

5

5. Von der Fragenreihe zur Checkliste

Zwar sagt eine alte Weisheit, daß die Wiederholung die Mutter des Lernens sei, wir wollen uns hier jedoch damit begnügen, auf den *Wert* der W-Fragen hinzuweisen und zugleich zu betonen, daß Sie in ihnen schon eine brauchbare Fragenreihe finden.

Oft werden Sie sich wohl auch spontan Reihen von Fragen vorgelegt haben, wenn Sie ein Problem lösen wollten. So mancher geht vielleicht auch systematisch vor, wenn seine Hintergrundkenntnis oder das Fachgebiet, in dem er sich gerade bewegt und auskennt, ihm die Fragen schon in den Sinn bringt.

Es ist schwer, wenn nicht gar unmöglich, für alle Fachgebiete spezielle Ratschläge für Fragenreihen oder Checklisten zu geben. Versuchen wir deshalb hier wieder, das für alle gemeinsam Gültige herauszuarbeiten. Dazu kommen dann noch einige »spezielle« Checklisten (im nächsten Kapitel), die jedoch aus dem Feld der »Methodik geistiger Arbeit« stammen und damit wieder Allgemeingültigkeit haben.

Vom Vergangenen in die Zukunft

Noch schlichter als die oben gerade in Erinnerung gebrachten W-Fragen ist ein Verfahren, wie es Rednerschülern, den Eleven der Rhetorik, zu schnellem Einstieg in die Redekunst empfohlen wird. Es ist die Einteilung in »Was war?« — »Was ist?« — »Was soll werden?«

Das heißt, eine Rede (gleiches gilt auch für Aufsätze und Niederschriften) sei in die Fragen nach der Vergangenheit, der Gegenwart und der Zukunft einzuteilen. In der Tat läßt sich wohl nahezu jedes Thema auf diese einfache Weise gliedern. In der Praxis wird dabei so vorgegangen:

Bei kleinen Übungsreden oder kurzen Diskussionsbeiträgen genügt für die Vorbereitung ein Briefbogen, eine Seite DIN A 4. Das Blatt wird in der Senkrechten gedrittelt. Das obere Drittel dann der Vergangenheit, das mittlere der Gegenwart, das untere der Zukunft zugeordnet. Bei umfangreicheren Texten gehört zu jedem Punkt ein eigenes Blatt oder auch deren mehrere. Wenn es das Thema so ergibt, dann werden auch die drei Abteilungen unterschiedlichen Umfang haben. So kann der eine mehr Augenmerk auf die Fragen der bisherigen Entwicklung legen und dann mehrere Blätter für das »Was war?« benötigen, während sich ein anderer ausführlicher mit der Gegenwart, dem »Was ist?« auseinandersetzt, und in diesem Feld eine größere Zahl von Fragen zu beantworten sucht. Das nur, damit die ganze Arbeit nicht zu schematisch wird. Aber das führten wir ja auch schon an früherer Stelle aus, daß Sie bei allen Betrachtungen flexibel denken sollten und immer nach den Möglichkeiten zu suchen haben, aus unseren Hinweisen und Betrachtungen etwas Eigenes zu machen.

Eine einfache Fragenteilung

Bei der weiteren Arbeit sind nunmehr in jedem Felde präzisere Fragen aufzulisten. Mitunter kann es nötig sein, diese Fragen niederzuschreiben, in anderen Fällen steckt in der Niederschrift der Antwort auch die Frage selbst.

Kombinieren Sie nun das W-Fragen-System mit der Teilung »Was war, ist, wird sein?«, so geht es beispielsweise im Felde »Was war?« auf diese Weise:

»Wer war an den Ereignissen, die hier zur Sprache stehen, beteiligt?«

»Um was ging es dabei hauptsächlich, und was spielte außerdem eine Rolle bei dem Ereignis?«

»Wo ging es vor sich, wo liegt der Ort des Geschehens?«

»Wann war es, welche Zeiten und Termine sind zu beachten?« usw.

Wie wäre es denn, wenn Sie sofort einen Versuch machten? Wählen Sie ein einfaches Thema (In Rednerkursen hochbeliebt sind Themen wie: »Wiedereinführung der Todesstrafe?« — »Sollte es eine Wehrpflicht für Frauen geben?« — »Höhere Steuern oder geringere Sozialleistungen?«), welches möglichst interessant für Sie ist. Teilen Sie dann ein Blatt so ein:

Was war?

Was ist?

Was soll sein?

Stellen Sie Ihre Fragen! Für die Übung genügt es schon, wenn Sie in jeder Rubrik 5—6 Fragen aufstellen. Haben Sie gar die Chance, zu dem gewählten Thema in Kürze sprechen zu müssen, dann könnten Sie mit der Übung gleich verbinden, Ihre Antworten, also Ausführungen zum Thema niederzuschreiben.

Die gute alte »Schulgliederung«

So manches, das wir in der Schule lernten, ist ja später doch ganz brauchbar. Das gilt z. B. für eine andere, sehr einfache und doch recht wirksame Einteilung. Erinnern Sie sich? Es wurde uns von den Lehrern geraten, ein Aufsatzthema in »Einleitung, Hauptteil und Schluß« zu gliedern.

Machen Sie doch mal eine Fragenliste daraus. Wenn Sie gleich eine weitere Übung daraus machen möchten, dann gehen Sie so vor:

Notieren Sie auf einem ersten Briefbogen (zum Punkt Einleitung) alle Fragen, von denen Sie annehmen, daß sie auch der Leser stellen würde. In welcher Richtung könnte der Leser Fragen stellen? Wir meinen, in der Richtung seines Interesses. Fühlen Sie sich in Ihre Leser ein, und fragen Sie. Daß auch dabei wieder die Fragewörter mit dem »W« am Anfang helfen können, werden Sie unterdessen schon selbst gefunden haben. Auf dem nächsten Blatt (es kommt dem Hauptteil zu), oder wenn die Ausführungen im Hauptteil länger sein sollen, auf mehreren Blättern, erstellen Sie dann eine Fragenreihe, für die Sie die Antworten schon parat haben. Hier geht es ja um Ihre Meinung, um Ihre Ausführungen zur Sache. Vergessen Sie jedoch nicht, Verbindungen zu den Interessen des Lesers herzustellen, also gelegentlich die Fragen der Einleitung aufzugreifen. So kommen Sie fast wie von selbst zum dritten Teil, zum Schluß. Glauben Sie nur nicht, daß es damit einem abschließenden Satz genug sei. Unter Schluß verstehen wir auch so etwas wie einen Entschluß. Einen Entschluß, zu dem der Leser kommen soll. Wollen Sie ihm etwas verkaufen, und sei es nur Ihre Meinung, dann werden Sie hier Fragen und Antworten finden müssen, die herausstellen, daß die einleitenden (den Leser interessierenden oder stimulierenden) Gedanken und die Ausführungen im Hauptteil (also Ihre Ansichten) nunmehr zu einer Verbindung mit zwingenden Folgerungen für den Leser führen müssen.

Ja, und nun sollten Sie auch das mal probieren, diese Empfehlungen zu einer Übung zu machen!

Ein etwas anspruchsvolleres Fragensystem

Alle großen Erfindungen und Gedanken seien im Grunde einfach und unkompliziert, wird behauptet. Von dieser Sicht wäre jedes einfache Verfahren zu begrüßen. Vielleicht waren Ihnen die bisherigen Vorschläge zu einfach? Dann stellen Sie Fragenlisten nach dem nunmehr beschriebenen, ein wenig anspruchsvolleren System auf. Wieder geht es dabei um die Abhandlung eines Themas oder die Lösung von Problemen. Seien wir etwas bescheidener und sagen: Um das Bemühen, Problemlösungen zu finden.

Dieses Mal brauchen Sie ein paar Blätter mehr. Wir empfehlen hier auch gleich, jedem einzelnen oder nachstehend erklärten Punkt ein eigenes Blatt zuzuordnen. Das will nicht heißen, es müsse jedes der Blätter mit Fragen und später auch mit den zugehörigen Antworten vollgeschrieben werden. Und es heißt ebenso gut, daß der eine oder andere Punkt gar zwei oder mehrere Blätter bekommen kann. Das alles hängt vom Thema ab. Es hängt auch von der Menge Ihres Wissens zum Thema ab, von dem Grundstock der Kenntnisse und von den besonderen Kenntnissen im einzelnen Fall. Die groben Fragen (Überschriften der Blätter) lauten so:

1. Worin besteht das Thema oder das Problem?
2. Wie erklärt es sich, daß dieses Problem auftauchte? oder: Weshalb ist es nötig, dieses Thema zu behandeln?
3. Welche eigene Meinung habe ich zum Thema oder Problem?
4. Welche anderen Ansichten (der meinen entgegenstehend) gibt es, oder könnte es geben?
5. An welchen anderen Stellen, oder zu welchen anderen Zeiten ist ähnliches schon geschehen, und wie ist es da abgelaufen?
6. Wenn ähnliches noch nicht geschehen, mit welchen anderen Vorkommnissen läßt es sich vergleichen?

7. Welche Anschauungen oder Ausführungen anerkannter Persönlichkeiten zum Thema kann ich in meine Beweisführung einbeziehen?
8. Welche Lösungsvorschläge bieten sich an? oder: Wie führe ich die vorausgegangenen Betrachtungen zu einem Abschluß?

Jede dieser Fragen ist sodann so weit zu unterteilen, als es möglich ist. Mitunter gibt es keine Ansätze (! nicht zu früh aufgeben!), dann fällt auch mal einer der Punkte aus. Daß es aber oft zu weitgehender Unterteilung kommen kann, soll noch kurz am Punkt 8 gezeigt werden.

8. Wie führe ich die vorausgegangenen Betrachtungen zu einem Abschluß?
   - Welche Forderungen sind zu stellen? Forderung . . . .
     . . . .
     . . . .
   - An wen richten sich diese Forderungen? An . . . .
     . . . .
     . . . .
   - Welche Zusagen (Versprechen) können gegeben werden?
     Versprechen . . . .
     . . . .
     . . . .
   - Welche Vorteile ergeben sich? Vorteil . . . .
     . . . .
     . . . .
   - Wie formuliere ich einen wirksamen Aufruf?
     Formulierung . . . .
     . . . .

Bei den einfacheren Verfahren, wie hier bei diesem ein wenig anspruchsvolleren ist es der Wesenskern, Gedanken frei zu machen.

Einerseits soll das Vorwissen mobilisiert werden, damit es zum Einsatz kommt. Andererseits sollen auch Lücken bewußt werden, damit der Geistesschaffende weiß, in welcher Richtung er sich weiter informieren muß.

Checklisten zur Arbeitsvorbereitung und -durchführung

Checklisten sind ursprünglich als Kontrollmittel erdacht und wurden vorzugsweise bei der Lagerhaltung, der Inventur, im Einkauf, der Qualitätskontrolle und gelegentlich zur Arbeitsvorbereitung eingesetzt. Unterdessen hat sich der Begriff erweitert oder der Schwerpunkt stark in Richtung auf die Arbeitsvorbereitung verlagert. Auch bei der Vorbereitung, Durchführung und Kontrolle geistiger Arbeiten läßt es sich mit Checklisten hervorragend arbeiten.

Während es in der Wirtschaftspraxis durchaus nicht nötig ist, daß Checklisten aus Fragenreihen bestehen, bzw. deren erweiterte Form sind, gehen wir hier wieder von dieser Betrachtungsweise aus.

Das Prinzip besteht darin, daß eine Reihe von nacheinander ablaufenden Maßnahmen oder zu beachtenden Punkten in Fragen gefaßt, listenartig gereiht sind. Bei der Arbeit oder der Arbeitsvorbereitung (von nun an immer auf geistige Arbeit bezogen) legen Sie sich Frage für Frage vor und versuchen, sie zu beantworten. Sie können es auch so betrachten: Mit der Frage und zugehörigen Antwort checken Sie ab, wie weit Sie schon in das Thema vorgedrungen sind. Ist die Frage zufriedenstellend beantwortet, der Punkt also erledigt, die genannte Maßnahme vollzogen, dann haken Sie ihn ab und gehen zum nächsten Punkt vor.

Im nächsten Kapitel geben wir Ihnen eine Reihe von Checklisten, die sich bewährten, und von denen wir hoffen, daß sie auch für Ihre Tätigkeit von Nutzen sind.

Checklisten zur Systematisierung der Arbeit

Ob es lohnt, für eine einmalig durchzuführende Tätigkeit erst eine Checkliste zu entwickeln, mag dahingestellt sein. Denkbar ist es dann, wenn diese Arbeit sehr differenziert ist und sich über längere Zeit hinwegzieht. Der Einzelne wird in vielen Fällen mit einem der zuvor genannten Fragen-Systeme schneller vorankommen. Anders schon, wenn Sie, beispielsweise als Ausbilder oder Lehrer, mehreren anderen die Arbeit systematisieren wollen. Wenn Sie selbst gleiche Arbeitsabläufe desöfteren durchzuführen oder zu überwachen haben, wird es auf jeden Fall ökonomisch sein, sich Checklisten zu erstellen. Dabei können Sie sich auch an die Muster halten, die das nächste Kapitel bringt.

Mit dem Sammeln beginnt es

Wollen Sie sich für ein eigenes Problem eine Checkliste erstellen, dann sammeln Sie zunächst ungeordnet alle Fakten. Schreiben Sie sich auf, was alles zu tun ist, um eine Arbeit zu erledigen. Sammeln Sie dabei lieber anfangs zu viel als zu wenig. Aussondern, wegwerfen kann man ja immer noch. Fehlendes zu beschaffen, wird umso mühseliger und schwieriger, je weiter eine Arbeit schon fortgeschritten ist. Auch bei Arbeitsabläufen gilt das Wort der Kette, deren Stärke ihr schwächstes Glied bestimmt. Haben Sie ein gerüttelt Maß von Sammelstücken, von Fakten, von zu beachtenden Punkten, dann bringen Sie diese in eine Ordnung.

Bei Arbeitsabläufen ist die einfachste Ordnung die chronologische. Sie sortieren die Einzelmaßnahmen in die Reihe, in der sie später nacheinander durchzuführen sind.

Sie können sich selbstverständlich auch eines der Ordnungs- bzw. Gliederungssysteme bedienen, die wir mit »Was war? – Was ist? – Was wird?« oder »Einleitung – Hauptteil – Schluß« oder der »8-Punkte-Gliederung« zuvor besprachen.

Die weitere Arbeit ist jetzt die sorgfältige Formulierung der Fragen.

Nehmen wir an, Sie hätten für eine Schreibtischarbeit zunächst folgende Punkte ungeordnet gesammelt:

Schreibwerkzeug zurechtlegen — Problem umreißen — Reinschrift fertigen — Schreibpapier bereitstellen — Wichtiges einrükken — Fertigen Schriftsatz in Hefter geben — benötigte Nachschlagwerke herbeiholen — betonte Wörter sperren — Begleitschreiben entwerfen — Kuvertieren, frankieren — zur Post bringen — Platz für Arbeit und Material festlegen — Überschrift und Zwischentitel handschriftlich (Blockschrift) einsetzen — Absendung in Terminkalender eintragen — Nichtbenötigte Unterlagen (von vorangegangenen Arbeiten) wegräumen — Quellenhinweise zusammentragen — Terminkontrolle der Antwort — Mahnung an Empfänger — Arbeitszeit abschätzen und einteilen — angemessenen Platz für Bilder und Statistik lassen — Für Störungsfreiheit sorgen — Erwarteten Telefonaten zuvorkommen ...

Wie Sie sehen, geht zunächst alles durcheinander. Sie werden eine Vorordnung vollziehen müssen. Vielleicht erscheint es Ihnen am zweckmäßigsten, zunächst so zu gliedern:

Vorarbeiten —
Hauptarbeit (die eigentliche Aufgabe) —
Nacharbeiten —
Ergebniskontrolle —

Zwischendurch bemerkt: Obige Sammlung ist bei weitem nicht vollständig. Sie werden sicherlich eine ganze Menge Punkte mehr haben.

Nunmehr stellen Sie auf einem größeren Bogen in vier Spalten die vier Vorordnungspunkte nebeneinander, siehe Abb. S. 74;
oder ordnen Sie jedem Punkt wieder ein eigenes Blatt zu und ordnen Sie dahinein Ihre zuvor gesammelten Einzelheiten. Auch das kann zunächst in bunter Reihe geschehen. In die Spalte oder auf das Blatt »Vorarbeiten« kämen jetzt z. B. die Fakten: Schreibwerkzeug zurechtlegen — Schreibpapier bereitstellen — benötigte Nachschlagewerke herbeiholen — Platz für Arbeit und Material festlegen — Nichtbenötigte Unterlagen (von vorangegangenen Arbeiten) wegräumen — Arbeitszeit abschätzen und einteilen — für Störungsfreiheit sorgen — Erwarteten Telefonaten zuvorkommen.

Vorarbeiten	Hauptarbeit	Nacharbeiten	Ergebniskontrolle

Von der Vorordnung zur verfeinerten Ordnung

Schon während dieser Vorordnung fallen Ihnen sicherlich weitere Einzelheiten zu den vier Hauptrubriken ein. Sie ergänzen also während ihrer Tätigkeit die Sammlung laufend. Der nächste Punkt wäre dann, innerhalb der Hauptrubriken die Ordnung vorzunehmen, z. B. die Vorarbeiten so in die Reihe zu bringen, wie sie später ablaufen. Gibt es gelegentlich Zweifel in der Rangordnung, so entscheiden Sie sich provisorisch. D. h. nehmen Sie die Reihe, die Ihnen zuerst einfiel oder die zunächst nur Ihrem Gefühl entspricht. Sie können ja noch ändern, wenn die Checkliste später geschrieben wird. Setzen wir, für die weiteren Betrachtungen an, Sie hätten die Vorarbeiten in diese Reihe gebracht:

Für Störungsfreiheit sorgen (hier werden sich weitere Fragen auf das »Wie?« richten)
Nichtbenötigte Unterlagen wegräumen
Erwarteten Telefonaten zuvorkommen (Störungsbeseitigung)
Arbeitsplatz aufräumen (neuer Punkt)
Platz für Arbeit und Material festlegen
Schreibwerkzeug zurechtlegen
Schreibpapier bereitstellen
Benötigte Nachschlagewerke herbeiholen
Kontrollieren, ob Papierkorb leer / sonst leeren (neuer Punkt)
Arbeitszeit abschätzen und einteilen

Dann ist der nächste Punkt, die Checkfragen zu formulieren. Hierbei können Sie noch etwas umstellen, wenn es Ihnen der Arbeit gerechter zu werden scheint. Und weiterhin lassen sich Ergänzungen anfügen:

1. Habe ich für Störungsfreiheit gesorgt?
   Ist ... informiert, daß ich die nächsten zwei Stunden nicht gestört werden möchte
   Wurde bei der Terminplanung auf diese Arbeitszeit Rücksicht genommen?
   Sind Besucher zu anderen Zeitpunkten bestellt?
2. Welche Telefonate erwarte ich?
   Wie weit kann ich der Störung zuvorkommen, indem ich vor Beginn meiner Arbeit dort anrufe?
3. Sind alle nicht mehr benötigten Unterlagen weggeräumt?
4. Ist der Platz für die zu verrichtenden Arbeiten frei?
5. Ist das Schreibwerkzeug bereitgestellt?
6. Wohin kommt das Schreibpapier?
7. Wohin mit den fertigen Arbeiten?
8. Sind die benötigten Nachschlagewerke in Griffnähe?

   ....

   ....

In gleicher Weise gehen Sie anschließend die Rubriken Hauptarbeit / Nacharbeiten / Ergebniskontrollen durch und Ihre Checkliste ist fertig.

Feinarbeit ist nicht Pedanterie

Immer dann, wenn eine der Checkliste entsprechende Arbeit ansteht, greifen Sie zu der Liste. Gehen Sie die Liste z. T. vor der Tätigkeit zum anderen Teil während der Tätigkeit durch, und haken Sie die erledigten Maßnahmen ab.

Halten Sie es selbst nicht für zu gering, sich so einfache und — wie Sie vielleicht meinen — allzuselbstverständliche Fragen vorzulegen. Sie erziehen sich dadurch zu einem systematischen Arbeiten und werden es erleben, daß Sie nach einiger Zeit der Gewöhnung an die Strenge gegen sich selbst, immer mehr Fragen abhaken können, ohne in der Checkliste nachschauen zu müssen, welcher Punkt gerade dran ist.

Sie werden dann auch nicht der Gefahr unterliegen, zu einem Pedanten zu werden, wenn Sie bei der ganzen Arbeit mitdenken. Wollte jemand jedoch die Lage der Schreibzeuge auf dem Schreibtisch mit dem Millimeterband ausmessen, dann wäre die Grenze überschritten. In die Checkliste gehören nur solche Punkt, die für den Ablauf der Tätigkeit unerläßlich sind (diese aber gelegentlich bis ins kleinste Detail) und beachtet werden müssen, damit die Arbeit rationell und ökonomisch vor sich geht.

Das Wichtigste zu 5. in Merksätzen

- Eine einfache, doch oft recht brauchbare Frageneinteilung ist die nach dem »Was war?« — »Was ist?« — »Was soll werden?«
- Denken Sie bei all unseren Betrachtungen flexibel und machen Sie aus unseren Hinweisen etwas Eigenes.
- Entwickeln Sie aus unseren Hinweisen Übungen, die Sie möglichst auch mit Arbeit Ihrer Praxis verbinden sollten.
- Fragen sollten immer auf das Interesse ausgerichtet sein.
- Auch die alte »Schulgliederung«: Einleitung — Hauptteil — Schluß — ist für Fragenreihen recht praktikabel.
- Fragenreihen und Checklisten haben die Aufgabe, Gedanken frei zu machen, das Vorwissen zu mobilisieren.
- Es beginnt mit dem Sammeln von Fakten, wenn Sie sich selbst eine Checkliste erarbeiten wollen.
- Der nächset Schritt ist die Vorordnung nach arbeitstechnischen Gesichtspunkten.
- Schließlich werden die Checkfragen so formuliert, daß an ihnen der Arbeitsablauf kontrolliert werden kann.
- Gehen Sie bei der Formulierung von Checkfragen bis in das arbeitswichtige Detail, doch vermeiden Sie Pedanterie.
- Die Arbeit mit Checklisten erzieht zu systematischem Denken.

6

6. Ausgewählte Checklisten aus dem Bereich »Methodik geistiger Arbeit«

In der Folge führen wir Ihnen hier einige Checklisten auf, wie sie sich in der Praxis geistiger Arbeit bewährt haben. Nehmen Sie sie dennoch nicht als etwas, das für alle Zeiten unwiderruflich feststeht, sondern wieder einmal als Denkanregung. Ergänzen Sie die vorgegebenen Listen bei Bedarf, stellen Sie sie um, wenn es Ihren persönlichen Absichten, Bedürfnissen und Arbeiten gerechter wird. Kommen Sie zu »Ihrer eigenen« Fragenreihe für Ihr eigenes Vorwärtskommen.

Checkliste für den Einstieg in einen Lernstoff

Liegt vor einem Lernwilligen ein Lernstoff, sei es ein Lehrbuch oder eine andere Abhandlung aufzunehmender Fakten, oder befindet er sich in einer Lehrveranstaltung (Schulstunde / Lehrvortrag) als hörend Lernender, so kann die folgende Fragenreihe ihn schnell und sicher in die Materie einsteigen lassen. Fragen Sie sich deshalb, wenn Sie etwas erlernen wollen, auf diese Weise:

- Was bedeutet das Thema für mich im Rahmen meines Gesamtlernens? Welchen Nutzen bringt es mir für mein Erfolgsstreben?
- Worin besteht die Hauptaussage des Lernstoffes hier?
  Welche generelle Linie hat das Thema?
- Welche Untergedanken sind
  a) für das Thema selbst
  b) für meine derzeitige Lernabsicht
  c) für mein Vorwärtskommen
  besonders zu beachten?
- Von welchen Ursachen oder Voraussetzungen geht der Verfasser aus?
  Kann ich mich diesen Voraussetzungen anschließen?
  Sind vielleicht andere Voraussetzungen anzunehmen?
- Zu welchen Schlüssen kommt der Verfasser?
  Lassen sich auch andere Schlüsse ziehen?
- Berichtet der Text Tatsachen?
  ... oder werden Theorien vorgetragen?
- Welche Erwartungen kann (muß) ich an den Lehrstoff richten?
  Erfüllt der Stoff diese Erwartungen, oder erfüllt er sie nicht?
- Sind Inhalt und Form des Textes aufeinander abgestimmt?
  D. h. ist der Text weder zu weitschweifig, noch zu komprimiert formelhaft?
  Kann ich bei Mängeln nicht die gleichen Informationen aus einem besser abgestimmten Text (welchen) erhalten?
- Abgesehen von schulischen Belangen (Noten/Prüfungen), wie weit nutzt mir der Stoff auf Dauer?
- Mit welcher Methode gehe ich am besten an diesen Stoff?
  Auf welchen Lernwegen komme ich am besten voran?
  Für wann plane ich Wiederholungen ein?
  Mit welchen Hilfsmitteln kann ich arbeiten?
  Wer kann mir helfen, wenn ich stocke?
- Gibt der Verfasser Eigengedanken wieder?
  ... oder bezieht er sein Wissen aus zweiter Hand?
  Sollte ich dann nicht lieber zu den Quellen gehen?
- Ist die Aussage in irgendeiner Form tendenziös gefärbt?
  Brauche ich dann Gegenmeinungen?
- Wie ist die Gestaltung des Stoffes beschaffen?

Ist z. B. Wichtiges hervorgehoben?
Sind lösbare Aufgaben vorgegeben?
Ist der Stoff lern- und lesegerecht gegliedert?

— Kann ich der Gedankenordnung gut folgen?
Ist der Stoff in sich logisch aufgebaut?
— Ist die Aussage überhaupt noch gültig?
... oder ist die Entwicklung unterdessen weitergegangen?
... und sollte ich mich dann nicht nach aktuellem Material umsehen?
— Welchen Standpunkt, welche Eigenmeinung vertrete ich gegenüber der Textaussage?

Wieder einmal müssen wir betonen, daß es bei derartigen Fragenreihen im Einzelfall sein kann, daß eine oder mehrere Fragen nicht ansetzbar sind. Ebenso kann es sein, daß sich so manche Antwort nicht spontan finden läßt. Darauf kommt es auch nicht an. Es kommt vielmehr darauf an, sich der Denkarbeit aufzuschließen. Hier ging es insbesondere darum, erst mal einen Einstieg zu finden. Sehr oft verschließt sich der Lernwillige, weil er von vornherein nichts Interessantes am Lernstoff finden kann. Er macht es sich damit unnötig schwer. Das ist überhaupt eines der schulischen Hauptprobleme. Gelingt es, ein Interesse zu wecken, so ist eine der wesentlichsten Erfolgsvoraussetzungen für das Lernen eingestellt. Das aber kann auf dem Wege über unsere Checkliste gelingen. Niemand, der nicht schon große Vorkenntnisse hat, wird alle Fragen auf Anhieb einsetzen können. Es empfiehlt sich deshalb für Anfänger, sich zunächst zwei oder drei Fragen herauszugreifen, sie an den Lernstoff heranzutragen und sich um die Antworten zu bemühen. Im Laufe der weiteren Lernarbeit setzt er weitere Fragen an. Vielleicht geht er jedoch auch erst beim nächsten Lernthema mit mehr Fragen an die Arbeit.

Checkliste zum Setzen eines Lernzieles

Die Beschreibung eines Lernzieles ist dann als brauchbar anzuerkennen, wenn das beabsichtigte Ergebnis klar genannt und deutlich gegen andere abgesteckt ist und alle Bedingungen aufgeführt wurden. Mit der Klarheit über ein Lernziel ist es verhältnismäßig leicht, den Lernweg einzuteilen und zu beschreiten.

Mit nachstehenden Fragen können Sie abchecken, ob Sie ein Lernziel richtig gestellt bzw. beschrieben haben:

- Ist das Ziel in klaren, unmißverständlichen Worten beschrieben?
- Ist das Ziel deutlich gegen andere abgegrenzt worden?
- Besteht somit Klarheit über das,
  was ich als Lernender erreichen will?
  und über das, was nicht (noch nicht / überhaupt nicht) gewollt wird?
- Sind die zu erwerbenden Fertigkeiten genau definiert?
- Wurden Zwischenziele aufgestellt (wenn das Vorhaben umfangreicher, der Weg länger ist)?
- Sind die Bedingungen genannt, unter denen das Ziel zu erreichen ist?
- Wurden die benötigten Hilfsmittel aufgeführt?
- Besteht Klarheit darüber, über welchen vorhandenen Voraussetzungen aufgebaut werden kann?
- Wurde der Zeitpunkt genannt bis zu dem das Ziel / die Teilziele erreicht sein sollen?
- Besteht Klarheit darüber, wie an die Informationen zu kommen ist, die benötigt werden, um das Ziel zu erreichen?
- Ist zu erwarten, daß das Ziel aktuell bleibt (bis zum Zeitpunkt, da es erreicht werden soll)?
- Wurde versucht (wenn möglich) Weg und Ziel schematisch, zeichnerisch (z. B. im Diagramm) darzustellen?
- Sind die einzelnen Etappen des Weges zum Ziel überschaubar?
- Sind Zeitreserven vorgesehen für den Fall, daß Unvorhersehbares eintritt?
- Wurde auf die Folgerichtigkeit der Einzelmaßnahmen geachtet?
- Sind Kontrollmaßnahmen vorgesehen worden?
- Kann überprüft werden, daß der Zielstrebende den Weg vorankommt und schließlich das Ziel erreicht?

Checkliste zum Thema »Rationelles Lesen«

Der größte Teil aller Lernvorgänge vollzieht sich über das Auge, über den Gesichtssinn. Der größte Teil aller aufzunehmenden Informationen wird über das Lesen aufgenommen und gespeichert. Vielleicht wäre es deshalb angebracht, statt vom »Rationellen Lesen« von einer »Rationellen Informationsaufnahme« zu sprechen. Dafür gibt es sogar noch einen zusätzlichen Grund: Es gelten für die Aufnahme über den Gehörsinn und auf jene über das Tun, zum Teil die gleichen, zum anderen Teil sehr ähnliche Gesetze. Auch hier geht es, wir können nun schon »wie immer« sagen, um die Aktivierung der Denkarbeit und um die Ökonomie dieser Aktivitäten.

Wenn Sie Informationen über Lesestoffe aufzunehmen haben, dann fragen Sie so (haken Sie ab oder korrigieren Sie im Sinne der Fragen):

- Haben Sie Ihre Erwartungshaltung auf den Lesestoff bzw. die in ihm erwarteten Informationen eingestellt?
- Legen Sie sich alle Hilfsmittel zurecht, bevor Sie das Wort zu lesen begannen?
- Ist Ihr Sitzmöbel und Ihre Lesefläche (Schreibtisch/Lesepult) arbeitsgerecht?
- Nehmen Sie eine aufrechte und lockere Sitzhaltung ein und vermeiden Sie es, verkrümmt dazusitzen?
- Haben Sie den rechten Blickwinkel und optimalen Augenabstand zum Lesestoff?
- Ist die Fläche (Arbeitsfläche, Lesefläche) groß genug?
- Werden Sie nicht behindert durch Gegenstände oder Dinge auf Ihrem Schreibtisch?
- Haben Sie weitgehend dafür gesorgt, daß Sie beim Lesen nicht gestört (abgelenkt) werden?
- Sehen Sie ausreichend Lesezeit vor (soviel wie entsprechend Ihrer Erfahrung für den zu bearbeitenden Stoff nötig)?
- Haben Sie ausreichende Vorkenntnisse, um den Lesestoff verstehen zu können?
- Beherrschen Sie das dem Lesestoff entsprechende Fachvokabular?

- Verarbeiten Sie die durch das Lesen gewonnenen Informationen sofort weiter?
  Treffen Sie notwendige Entscheidungen sofort, bevor die Textaussagen wieder vergessen werden?
- Machen Sie sich, vor dem Beginn der Augenarbeit an jedem einzelnen Lesestoff einige Gedanken darüber, was Sie von seinem Inhalt erwarten?
- Pflegen Sie während des Lesens sofort über die gewonnenen Informationen nachzudenken (in Pausen, während derer die Augenarbeit ruht)?
- Markieren Sie (wenn erlaubt) wichtige Textstellen?
- Ziehen Sie anderenfalls die Hauptgedanken in Kurznotizen (Exzerpten) heraus?
- Konzentrieren Sie sich voll auf den Lesestoff und halten Sie Störgedanken fern?
- Arbeiten Sie mit höchstmöglicher Beobachtungsgenauigkeit?
- Verschwenden Sie dennoch kein Augenmerk an unwichtige Textstellen (Redundanz)?
- Erreichen Sie volles Textverständnis?
- Verbildlichen Sie sich weitmöglich die Textaussagen?
- Haben Sie eine größere Auswahl an Lesetechniken zur Verfügung, die Sie dem jeweiligen Text in Abstimmung auf Ihre Leseabsicht zuordnen?
- Sind Sie bemüht, nach jedem Lesen den Textinhalt kurz in eigenen Worten wiederzugeben?
- Übergehen Sie alles Unwichtige z. B. Nichtigkeiten oder Druckfehler (wenn Sie nicht gerade korrekturlesen)?
- Nützen Sie beim Lesen Ihre Blickspanne aus?
- Sind Sie bemüht, mit einem Blick möglichst breite Textstellen zu erfassen?
- Tasten Sie schmal gesetzte Texte (schmale Zeitungsspalten) senkrecht ab (d. h. führen Sie den Blick an einer gedachten Mittelachse vertikal)?

Hinter jeder dieser Fragen steht ein sehr umfangreiches Wissensgut. Manche der Antworten bzw. ihrer Erklärung bedarf ganzer Buchkapitel. Interessierten sei die Spezialliteratur zum Thema »Rationelles Lesen« empfohlen.

Eine Checkliste zum Thema »Rationelles Schreiben«

Leser und Schreiber sind Partner einer Kommunikationsverbindung. Wenden wir uns mit der folgenden Checkliste, nach dem Leser nun dem Partner am anderen Ende der Leitung zu. Beide können voneinander lernen. Die Grundsätze für die rationelle Arbeitsweise des einen können auch dem anderen Vorteile bringen. Außerdem ist ja niemand nur Leser oder nur Schreiber, sondern wechselweise an dem einen oder anderen Ende der Verbindung. Wollen Sie rationell schreiben, so fragen Sie sich so:

- Habe ich mich bemüht (und bemühe ich mich weiter) immer sachlich und exakt und möglichst kurz zu schreiben?
- Habe ich meine Schreibarbeit sorgfältig vorbereitet?
- Bemühe ich mich um einen großen Wortschatz, doch schreibe ich in allgemeinverständlicher Weise?
- Bevorzuge ich Verben, und vermeide ich es weitgehend, die Tätigkeiten zu substantivieren?
- Beschränke ich mich bei Adjektiven auf solche, die Informationen geben?
- Vermeide ich Adjektive, die nur schmückenden Charakter haben?
- Schreibe ich vorzugsweise Sätze unter 20 Wörtern Länge?
- Komme ich schnell zu meinem Thema?
  Leite ich nicht langatmig ein?
- Stelle ich klar meine eigene Meinung heraus?
  Vermeide ich es, mich um Aussagen herumzudrücken?
- Schreibe ich wahrheitsgemäß?
  Vermeide ich es streng, Aussagen zu verfälschen?
- Gebe ich exakte Daten und Fakten an?
  Lassen sich meine Angaben überprüfen?
- Schreibe ich anschaulich?
  Kleide ich meine Aussagen in informative Bilder, ohne dabei Prägnanz und Kürze aufzugeben?
- Bringe ich einleuchtende, aktuelle Beispiele?
- Beschränke ich mich auf wichtige Zahlenangaben?

Vermeide ich es, meine Leser durch Massierung von Zahlen zu verwirren?
– Hüte ich mich sorgfältig vor Monotonie in der Darstellung?
– Bemühe ich mich, meine Leser zum Mitdenken anzuregen?
Stelle ich meinen Lesern Fragen, die sie, aufgrund meiner Darstellung auch beantworten können?
– Bevorzuge ich positive/motivierende Formulierungen?
– Klingt in meinen Aussagen Freundlichkeit an?
– Zitiere ich richtig?
D. h. gebe ich den genauen Wortlaut des Zitates?
– Vermeide ich Zitate aus dritter Hand?
– Mache ich den Unterschied zwischen eigener Meinung und zitierten Aussagen anderer wahrnehmbar?
– Vermeide ich zu übertriebene (zu starke) Ausdrücke?
– Spreche ich mir vor dem Schreiben gelegentlich meine Formulierung vor, um zu hören, wie es »klingt«?
– Wiederhole ich in längeren Ausführungen am Schluß kurz das Wichtigste?
– Bemühe ich mich um beste Argumentation?
– Bemühe ich mich auch darum, durch gute Typographie meine Schreiben übersichtlicher und verständlicher zu machen?
– Achte ich auch auf die Akkuratesse der Schreiben?
Lege ich Wert auf eine ansprechende Aufmachung?

Wie beim Thema »Rationelles Lesen«, so sehen Sie auch hier, daß hinter jedem einzelnen Punkt, hinter jeder Checkfrage sehr viel steckt. Aus diesen wenigen Sätzen läßt sich eine kleine Stilkunde machen. Es läßt sich daraus ein großer Lehrgang »Rationellen Schreibens« machen. Auch zu diesem Thema weisen wir Sie auf die im Literaturverzeichnis aufgeführte Spezialliteratur hin. Und es sei vorweggenommen, die nachstehende Checkliste zum Thema »Gesprächsführung« läßt sich ebenso ausdehenen, ja zu einem ganzen Rednerkursus machen.

Eine Checkliste zum Thema »Erfolgreiche Gesprächsführung«

Es ist uns wichtig, nochmals darauf hinzuweisen, daß die Reihe von Checklistenfragen gelegentlich umgestellt werden kann. In der folgenden, wie in den vorangegangenen Listen, gibt es sicherlich Punkte, die wichtiger sind als andere und demzufolge solche, die in der Gesamtreihe untergeordneten Wert haben. Das wird sogar von Fall zu Fall, von Person zu Person der Fragenden unterschiedlich sein. Bitte nehmen Sie deshalb nicht an, man könnte einfach von unten her wegstreichen, wenn man zunächst mit einer kleineren Zahl von Fragen in die Praxis gehen will. Wenn Sie anfangs mit Kurzlisten arbeiten möchten, dann suchen Sie sich einige Fragen aus dem Gesamtfeld. Dabei können Sie zwei Wege gehen. Entweder Sie nehmen sich zunächst Fragen heraus, von denen Sie glauben, daß Sie sie am besten und schnellsten in den Griff bekommen – oder Sie gehen zunächst zu einigen Punkten bzw. Fragen, bei denen es Ihnen am nötigsten erscheint, etwas zu tun.

Fragen Sie in Richtung auf erfolgreichere Gesprächsführung auf diese Weise:

- Richtet sich das Bemühen nicht nur auf das, was gesagt wird, sondern in gleichem Maße auch darauf, wie es gesagt wird?
- Steht ein großer Gebrauchswortschatz zur Verfügung, damit in jeder Situation das treffsichere Wort im Munde ist?
- Geht das Bemühen auch um lebendigen Wechsel der sprachlichen Mittel, damit die Aufmerksamkeit der Hörer erhalten bleibt?
- Wird eine sachliche Gesprächsatmosphäre angestrebt?
- Walten Höflichkeit und Freundlichkeit, um günstige Arbeitsvoraussetzungen zu schaffen?

  Werden alle Vorbereitungen sehr sorgfältig getroffen?
- Wurde vor dem Gespräch ein Fragenkatalog aufgestellt, damit kein wichtiger Punkt vergessen wird?
- Liegt ein Gesprächs- (ein Verhandlungs-)ziel fest?
- Sind die Unterlagen, die in der Sitzung gebraucht werden, vorab bereitgestellt, damit es später keine Störungen gibt?
- Wägen Sie vor dem Gespräch, welche Meinungen der Ihren entgegenstehen könnten und bereiten Sie sich darauf vor?

– Ist der Verhandlungsort gut gewählt und dabei daran gedacht, daß eine vertraute Umgebung »Heimvorteile« bringen kann?
– Wurde versucht, die Verhandlungszeit in Einklang mit der eigenen Leistungshöhe zu bringen?
– Wird von vornherein eine kurze Verhandlung angestrebt, um der Ermüdung vorzubeugen?
– Ist auf eine schlichte, wenig ablenkende Ausstattung des Verhandlungsraumes geachtet worden?
– Wurde versucht zu gewährleisten, daß während des Gespräches keine störenden Telefonate oder sonstige Störungen in den Verhandlungsraum gelangen?
– Wurden (vor allem bei Verhandlungen) Toleranzen, Verhandlungsspielräume festgesetzt?
– Besteht die Absicht, aller Beteiligter Interessen zu wahren, damit es zu einem für alle Beteiligten akzeptablen Ergebnis kommt?
– Besteht ein ständiges Bemühen, auch bei Meinungsverschiedenheiten die Ruhe zu bewahren?
– Wird daran gedacht, die Gespräche mit unverfänglichen Themen einzuleiten, damit eine Einstimmung erreicht wird?
– Wird darauf geachtet, zwischendurch immer wieder einmal das Gemeinsame herauszustellen, um das Vertrauen zu erhalten?
– Hält man Forderungen zurück, bis sich der günstigste Zeitpunkt für sie ergibt?
– Geht das Bemühen dahin, durch geschicktes Fragen das Gespräch in die beabsichtigten Bahnen zu lenken?
– Wird Anschauungsmaterial eingesetzt, um auch den Gesichts- und ggf. Tastsinn zu beschäftigen?
– Werden Einwände einzeln, möglichst sofort, nachdem sie kamen, widerlegt, damit sie nicht (gesammelt) einen unüberwindlichen Block bilden?
– Werden zu harte Forderungen mit harten Gegenforderungen abgefangen?
– Werden ständig Beweise gebracht (für die eigenen Ausführungen)?
– Werden beharrlich vom anderen Beweise (für dessen Ausführungen) verlangt?

– Wird bei drohender Verhandlungsstockung versucht, das bisherige Ergebnis zusammenzufassen?
– Wird bei sich verhärtenden Meinungen versucht, wieder auf das schon erreichte Gemeinsame zu verweisen?
– Läßt man sich, auch bei notwendigem Abbruch, eine Tür offen, um später wieder miteinander reden zu können?

Bei dieser Checkliste sehen Sie es besonders deutlich, daß sich aus Fragen und den sich fast zwingend ergebenden Antworten ein Programm aufbauen läßt. Ob unserer Reihe folgend oder die Reihe umstellend vorgegangen wird, um so mehr Punkte Sie davon in den Griff bekommen, desto ersolgreicher werden Sie in Gesprächen und Verhandlungen sein. Geht es zunächst erst um das rein Rhetorische, dann können Sie sich eine andere Fragenreihe vorlegen:

Eine Checkliste zum Thema »Rhetorik«

– Sprechen Sie mit angemessenem Tempo – und das heißt fast immer: langsam genug?
– Sprechen Sie mit angemessener Lautstärke?
– Vermeiden Sie es zu schreien?
– Lassen Sie vielmehr die Stimme tönen, klingen, hallen?
– Sprechen Sie die Vokale betont aus?
– Sprechen Sie die Konsonanten mit deutlich sichtbaren Lippenbewegungen aus?
– Lassen Sie die Nasallaute (m, n, ng) etwas im Nasen-Rachenraum schwingen?
– Sprechen Sie mit deutlich betonten Pausen?
– Lassen Sie durch Ihre Sprechweise den Hörern Zeit, sich zu überlegen, was Sie da ausführen?
– Überlegen Sie, bevor Sie sprechen?
Legen Sie in den Sprechpausen fest, welche Formulierung dann folgen soll?
– Sehen Sie Ihren Hörern deutlich in die Augen?
Sind Sie bemüht, den Augenkontakt nicht zu verlieren?
setzen Sie die Mimik ein?

– Lassen Sie etwas von Ihrem Engagement in Ihrem Gesicht sehen,
– Unterstreichen Sie Ihre Worte durch eine treffende Gestik?
– Vermeiden Sie es aber, wild zu gestikulieren?
– Wechseln Sie mit den sprachlichen und rhetorischen Mitteln während Ihrer Ausführungen?
  Vermeiden Sie eine monotone Sprechweise?
  Bemühen Sie sich um Dynamik in der Rede?
– Pflegen Sie eine ruhige Vollatmung?
– Stehen Sie aufrecht und locker?
  Vermeiden Sie es, vor der Hörerschaft (oder in der Hörerschaft) spazieren zu gehen?
– Tragen Sie korrekte Kleidung, um störende Blickfänge zu vermeiden?
– Sind Sie bemüht, in Ihrem ganzen Auftreten Ruhe auszustrahlen?

Eine Checkliste für »Rationelles Telefonieren«

Mancher glaubt, beim Telefonieren käme es nicht so darauf an. Zwar sieht uns der andere nicht (auch das kann bald schon anders sein), aber kluge Menschen entnehmen dem Gehörten doch mehr, als die Informationen, welche Sie mit Worten geben. Außerdem lassen sich durch vernünftigeres Telefonieren Kosten und Zeit einsparen. Gehen Sie die Fragenreihe durch, und ändern Sie bei Ihren Telefonaten, was diese bisher vielleicht unrationell machte.

– Ist es überhaupt nötig, daß ich telefoniere?
  Ist eine Karte oder ein Brief hier nicht besser und billiger?
  Sollte nicht ein Mitarbeiter dieses Telefonat führen (z. B. weil er die besseren Auskünfte geben kann)?
– Habe ich mich auf das Gespräch richtig vorbereitet?
  Wurde das Problem kurz vorher durchdacht?
  Liegen alle benötigten Unterlagen parat?
  Steht ein Block für »Gesprächsnotizen« bereit?
– Ist der Anzurufende in der Lage, meine Fragen zu beantworten?
  Sollte ich ihm nicht besser Vorbereitungszeit geben?

Ist es empfehlenswert, dem Gesprächsempfänger den Anruf anzukündigen?

- Störe ich den Angerufenen vielleicht in einer wichtigen Arbeit?
  Ist es vielleicht günstiger, seinen Rückruf zu erbitten?
- Bin ich mir klar darüber, mit wem ich sprechen will?
  ... wie lange ich höchstens sprechen will?
  ... über was ich sprechen will?
  ... was ich erreichen will?
- Sind Störungen vermieden (z. B. Maschinengeklapper im Hintergrund)?
- Arbeitet die Telefonanlage einwandfrei?
  Ist sie ausreichend gewartet?
  Kann vielleicht ein Verstärker die Arbeit erleichtern?
- Wie werde ich mich verhalten, wenn man mich »drüben« abschieben will, wenn man mich mit jemand anderem verbindet?
- Wie vermeide ich es, die geschäftlichen Informationen mit Privatgesprächen zu verquicken?
- Was sage ich, wenn der Gesprächspartner nicht da ist?
- Habe ich mich auf Sachlichkeit, Kürze und Freundlichkeit eingestellt?
- Spreche ich verständlich genug?
  Artikuliere ich klar?
  Halte ich die Sprechmuschel nicht zu weit vom Munde weg?
- Vermeide ich es, während des Telefonates anderes zu tun?
  Unterlasse ich es, beim Telefonieren zu lesen?
  Unterlasse ich auch nervöse »Malereien / Kritzeleien«?
- Leite ich knapp ein, sage worum es geht, lasse eine Pause und führe dann (im Rahmen des Notwendigen) etwas ausführlicher aus?
- Lasse ich dem Partner Zeit zum Sprechen?
  Falle ich ihm nicht ins Wort?
- Beachte ich die allgemeinen Grundsätze der Gesprächsführung und Rhetorik?
- Halte ich auch keine Informationen zurück
  Bemühe ich mich, offen zu sein?
  Vermeide ich es, den Partner im Dunkeln tappen zu lassen?
- Schreibe ich mir alles Wichtige auf?
  Benutze ich dabei zweckmäßige Formulare?

– Unterbreche ich das Gespräch mit dem Hinweis zurückzurufen, wenn eine Klärung im Augenblick nicht möglich ist?
– Melde ich mich mit Namen (nicht mit »Hallo«), wenn ich angerufen werde?

Ab und zu sollten Sie sich eine der vorangegangenen Checklisten in Ruhe durchlesen, um zu überprüfen, ob Sie all die aufgeführten Punkte auch berücksichtigen. Sicherlich wird Ihnen dann manches begegnen, das Ihnen unterdessen schon zur Selbstverständlichkeit wurde. Da brauchen Sie nicht mehr abzuhaken und sich die Formulierungen durchzulesen. Dann sind Sie wieder etwas freier, um Ihr Augenmerk auf ein paar andere Punkte zu richten.

Auf jene Punkte dann natürlich, bei denen noch etwas im Argen liegt.

Eine Checkliste zur »Gedächtnisverbesserung«

Welche Arbeiten Sie auch immer zu vollziehen haben, das Gedächtnis spielt seine Rolle. Bei geistiger Arbeit ist diese Rolle besonders wichtig, es gibt aber genügend andere Tätigkeiten, bei denen Ihnen ein gutes Gedächtnis auch so manchen Vorteil einbringt. Fragen Sie sich und Ihr Gedächtnis doch gelegentlich so ab:

– Haben Sie sich (z. B. durch die einschlägige Literatur) einige Kenntnis der Arbeitsweise Ihres Gedächtnisses errungen?
– Denken Sie daran, daß ein Gedächtnis umso besser arbeitet, je sorgfältiger die allgemeine Denkarbeit vorgenommen wird?
– Lassen Sie bei jeder Tätigkeit Sorgfalt walten, weil über die Sorgfalt die Aufmerksamkeit und über diese das Gedächtnis geschult wird?
– Halten Sie beim Lernen auseinander: Die Codezeichen (zu lesenden oder zu hörenden Wörter) und die Informationen den Aussagegehalt der Zeichen?
– Nützen Sie die Erkenntnisse neuzeitlicher Lerntheorien?
– Vermeiden Sie unnötige Speicherungen?
Lernen Sie nichts Unwesentliches oder Abwegiges?

Lernen Sie möglichst wenig von dem, was Sie jederzeit nachschlagen können?

- Beherrschen Sie Selektionsverfahren (z. B. beim Lesen)?
- Sind Ihre Sinne trainiert?
  Machen Sie gelegentlich Sehübungen?
  Vollziehen Sie auch Beobachtungsübungen für das Ohr?
- Nehmen Sie an dem, was Sie erlernen wollen, ein starkes Interesse?
- Entwickeln Sie an Stoffen, denen Sie kein Interesse entgegenbringen, wenigstens einen gewissen (sportlichen) Ehrgeiz?
- Haben Sie Vertrauen zu Ihrem Gedächtnis?
  Vermeiden Sie es, sich schlechte Gedächtnisleistungen selbst zu suggerieren?
- Verteilen Sie wissensfestigende Wiederholungen über den gesamten Lernzeitraum so gut es geht?
- Lassen Sie beim Lernen nichts »unverstanden« durchgehen?
- Versuchen Sie, zu Merkendes in eigenen Worten auszudrücken, und machen Sie sich weitgehend von vorgegebenen Formulierungen frei?
- Beachten Sie die Regeln des
  »Rationellen Lesens«
  »Rationellen Schreibens«
  »Der Dialektik und Rhetorik«?
- Pflegen Sie guten Kontakt zu Menschen, von denen Sie lernen können?
- Versuchen Sie auch, ein gutes persönliches Verhältnis zu Lehrpersonen aufzubauen?
- Vermeiden Sie fachliche Scheuklappen und sind vielmehr bestrebt, Ihr Allgemeinwissen ständig zu erweitern?
- Kennen Sie die Tricks und Kniffe der Mnemotechnik, ohne in ihnen Allheilmittel zu sehen?
- Prägen Sie sich wichtige Merkstoffe mitunter mit einem kleinen Merkvers ein?
- Prägen Sie sich Zahlen und Ziffernfolgen gelegentlich über den Klang bei ihrer Aussprache ein?
- Versuchen Sie, neuen Merkstoff immer mit dem bereits vorhandenen Wissen zu assoziieren?

- Versuchen Sie beim Lernen möglichst bildhaft zu denken, weil Bilder einprägsamer sind als Buchstaben und Wörter?

Diese Checkliste ließe sich beträchtlich erweitern. Wir begnügen uns mit den hier aufgeführten wichtigen Punkten. Sie werden sicher auch bemerkt haben, daß so manche der Fragen in ganz ähnlicher Form in den früher genannten Listen auftauchte. Das sollte Ihnen nochmals vor die Augen stellen, daß die einzelnen Punkte im Felde der geistigen Arbeit vielerlei Beziehungen und Querverbindungen haben. Wer sich im »Rationellen Lesen« trainiert, der gewinnt zugleich als Hörer in Vorträgen und als Lernender schlechthin. Wer Rhetorik erarbeitet, ist auch in Gesprächssituationen sicherer und weiß sich schriftlich besser auszudrücken. Packen Sie an der Stelle an, an der Sie mögen, und Sie werden wie von selbst Gewinne an vielen Stellen davontragen.

Eine Checkliste zum Thema »Konzentration«

Die letzte Checkliste, die wir Ihnen hier geben wollen, ist sicher nicht die geringste unter allen. Es ist sicher nicht übertrieben zu sagen, daß jedwede Arbeit, ganz gleich auf welchem Felde, durch verbesserte Konzentration gewinnt. Haben Sie Ihre Konzentrationsfähigkeit trainiert, so muß sich diese Fähigkeit in allen Lebensbereichen positiv auswirken.

- Sind Sie sich im klaren darüber, daß Konzentrationsschwäche oftmals nur eine Ausrede ist?
- Sind Sie sich ebenfalls im klaren, daß Konzentrationsstärke oftmals mit geistiger Disziplin gleichgesetzt werden kann?
- Vermeiden Sie es, Langeweile aufkommen zu lassen, weil sie der Todfeind der Konzentration ist?
- Vermeiden Sie es, Ihr Augenmerk auf Störungen zu richten, weil Sie damit die Konzentration falsch richten?
- Sind Sie bemüht, immer sehr gezielt zu arbeiten, d. h. auf ein vorher festgelegtes Ziel zu?

— Sind Sie immer bemüht, sehr sorgfältig und gründlich zu arbeiten, weil Gründlichkeit und Sorgfalt selbst die besten Konzentrations-Trainingsmittel sind?
— Bauen Sie immer ein starkes Interesse auf, wenn Sie eine Arbeit in Angriff nehmen?
— Vermeiden Sie es, mehrere Dinge durcheinander zu erledigen?
— Arbeiten Sie im Prinzip nach einer Rangliste der Wichtigkeit Ihrer Arbeiten?
— Sind Sie es gewöhnt, sorgfältig zu planen, Ihre Arbeit sorgfältig vorzubereiten?
— Haben Sie Ihre Umgebung an Ihre Arbeitszeiten gewöhnt?
— Bemühen Sie sich daneben, sich gegen spontane Störungen abzuhärten?
— Beseitigen Sie Störungen unmittelbar, um sofort danach sich wieder voll der Arbeit zuwenden zu können?
— Setzen Sie sich gelassen über unbeeinflußbare Störungen hinweg?
— Versuchen Sie es, Freude an allem, was Sie gerade tun, zu haben?
— Machen Sie ständig Konzentrationsübungen?
— Wußten Sie, daß Schönschrift (die sauber geschriebene Handschrift) zu den wirksamsten Konzentrationsübungen zählt?
— Üben Sie sich darin, Ihre Gedanken immer auf kürzest-mögliche Form zum Ausdruck zu bringen?
— Vermeiden Sie alle Nachlässigkeit?
— Tun Sie das, was Sie gerade tun, ganz?
— Vermeiden Sie es, in Ihrer Freizeit unerledigte Arbeiten nachzuholen?
Pflegen Sie auch eine konzentrierte Entspannung?
— Halten Sie sich geistig und körperlich fit?
— Treiben Sie Sport, Gymnastik oder Yoga?
— Sind Sie aufgeschlossen gegenüber neuen Gedanken?
— Geben Sie auch dem Humor in Ihrem Leben Raum, ohne dabei in platte Witze zu verfallen?

Na — ist diese Checkliste nicht fast schon ein Programm? Das Thema unseres Buches ist es ja, durch Fragen vorwärts zu kommen. In den Checklisten dieses Kapitels finden Sie an die 200 Fragen.

Fragen, die Sie sich stellen können, um über die ihnen zugehörigen Antworten und den aus beiden abzuleitenden Maßnahmen, Aktivitäten für die geistige Fitness zu gewinnen, die Sie ein gutes Stück voranbringt.

Das Wichtigste zu 6. in Merksätzen

- Nutzen Sie unsere Checklisten als Denkanregungen und leiten Sie aus ihnen die Sie vorwärtsbringenden Maßnahmen ab.
- Nähern Sie sich vor allem jedem Lehr- und Lernstoff durch präzise Fragen, die Sie schließlich in die Mitte der Dinge führen werden.
- Lassen Sie sich nicht stören, wenn manche Fragen in Einzelfällen nicht ansetzbar sind, in anderen wird es der Unterteilung der Fragen bedürfen.
- Gelingt es, das Interesse zu wecken, so ist eine der wichtigsten Erfolgsvoraussetzungen eingestellt.
- Ein Lernziel ist brauchbar, wenn es klar genannt gegen andere abgesteckt und in seinen Bedingungen umrissen ist.
- Es empfiehlt sich »Rationelles Lesen« zu erlernen, da die meisten Informationen über das Lesen aufgenommen werden.
- Da Leser und Schreiber voneinander abhängen, lohnt sich für beide auch, die Schreibarbeit zu rationalisieren.
- Wünschen Sie mit kürzeren Checklisten zu arbeiten, so suchen Sie aus den unseren die für Sie wichtigsten Punkte heraus und beginnen Sie bei diesen mit der Arbeit.
- Bauen Sie aus Fragen und Antworten Ihr individuelles Programm auf.
- Stichworte unserer Checklisten verhelfen Ihnen, ein Programm aufzubauen, das Ihnen Arbeit, Zeit Mühe und Kosten einsparen kann.
- Was für das Lesen und Schreiben gesagt wurde, gilt auch für alle Gesprächssituationen: Durch Rationalisierung der zugehörigen geistigen Arbeit kommen Sie vorwärts.
- Legen Sie besonderen Wert auf die Verbesserung Ihrer Gedächtnis- und Konzentrationsleistungen – unsere Listen zeigen Ihnen den Weg.

7

7. Fragen an den Informationsstoff

In den Vereinigten Staaten, so heißt es, seien derzeit schon rund 50% aller Beschäftigten auf dem Informationssektor tätig. Bei uns liegt die Zahl noch unter 40%. Dabei wird der Begriff Informationen natürlich sehr weit gefaßt, und es gehört z. B. die gesamte Fernseh- und Druckindustrie dazu, auch wenn wir in der Alltagssprache Unterhaltungssendungen oder schöngeistige Literatur nicht so sehr als »Informationen« ansehen (was sie ohne Zweifel jedoch sind).

Es wird damit gerechnet, daß in wenigen Jahren oder Jahrzehnten mehr als ²/₃ aller Tätigen, wenn nicht gar 80% Informationsarbeit zu ihrer beruflichen Aufgabe gemacht haben werden. Daß davon in gleichem Maße der private Sektor, also unser ganzes Leben, betroffen ist, liegt auf der Hand. Sicherlich werden sich die Wissenschaftler der verschiedensten Fakultäten intensiv um die Dinge bemühen, und gewiß gibt es kurz über lang auch zum Thema Informationsbe- und -verarbeitung eine unüberschaubare Menge tiefschürfender Schriften. Ebenso wahrscheinlich ist es, daß für viele andere Menschen die Bücher wieder einmal mit sieben oder siebzig mal sieben Siegeln versehen sein werden.

Lassen Sie es uns deshalb auf unsere bescheidene Art versuchen, Informationsproblemen zu Leibe zu rücken.

Wir sollen mit Fragen Informationsstoffe sammeln. Das haben wir als Menschheit immer schon getan, und es ist des Kindes naturgegebener Drang. Wer hätte sich nicht schon, je nach Einstellung oder Temperament, köstlich amüsiert oder die Haare gerauft, wenn ihm die berühmten Fragen aus dem Kindermunde begegnen: »Vati, wenn die Sonne nicht scheint, was tut sie dann?«»Warum krähen nur die Hähne und nicht die Hühner?« (Daraus macht man heute eine Emanzipationsfrage) »Wo war ich eigentlich, als ich noch nicht gelebt habe?«

Wenn Sie genau hinhören und den Gehalt so mancher Frage in die Ausdruckswelt der Erwachsenen übertragen, dann ist das kindliche Auskunftsbegehren uraltes Anliegen. Sie treffen viele Fragen, die sich die Menschen seit Urzeiten stellten. So dumm ist beispielsweise die Frage nach dem Wo und Was der Sonne, wenn sie nicht scheint, gar nicht.

Kinderfragen sind nicht kindisch

Das Kind fragt so, wie ihm etwas in den Sinn kommt. Es beobachtet eine Erscheinung, kann sie sich nicht erklären und fragt. Dieses Fragen ist meist spontan, selten, daß die Fragen gesammelt und dann in Reihe oder Block, dem Vater vorgelegt werden, wenn er abends von der Arbeit heimkommt. Vieles von dem, was das Kind fragt und von den Antworten, die es bekommt, wird vergessen, vieles verdrängt. Oft genug werden Fragen unwirsch oder spöttisch überlegen beantwortet, dann bauen sich sogar Hemmungen auf. Aber da ist auch noch genügend Zeit, über Jahre hinweg kann das Kind seine Informationen zusammentragen, und so sammelt sich im Laufe dieser Jahre auch allerlei Wissen an. Überdies wird nicht nur mit dem Munde gefragt. Da fragen die Augen, oder gehen, wie es so treffend heißt, »stehlen«. Da wird so manches gehört (auch oder gerade das, was nicht für des Kindes Ohren bestimmt war). Selbst die kindliche Nachahmung kann so betrachtet werden: Es wird experimentiert, um auf Fragen im Inneren Antwort zu erleben. Kommen zu dem ganzen Geschehen geschickte

Anleitungen, Belehrungen, Unterweisungen hinzu, so lassen sich die Informationen ordnen und auf ein Ziel ausrichten.

Oft scheint es auch hierin Begabungen zu geben, dann treffen wir jene »Wunderkinder«, die Schuljahre überspringen oder die Erwachsene mit fundierten Kenntnissen in Erstaunen versetzen.

Informationsfreiheit bringt Verantwortung

Erziehung, Bildungs- und Schulwesen greifen irgendwann einmal gezielt in die Informationssuche des Menschen ein. Wie oft solche Zielschüsse daneben gehen, wissen wir auch. Unser System hat ein Alter festgesetzt, in welchem eigens dafür »ausgebildete« Erwachsene das Fragen der Kinder steuern und die Antworten möglichst schon vorwegnehmen. Meist handelt es sich dabei um Antworten auf Fragen, die das Kind gar nicht stellt, und die es folglich auch nicht sonderlich interessieren.

Wir nennen das Schule, Erziehung zum Leben, für welches von dann an gelernt und gelehrt wird. Im Grunde genommen war das bisherige Fragen eine bessere Erziehung zum Leben, nur eben in vielen Fällen zu zeitaufwendig. Schimpfen wir nicht weiter auf Schule und Lehrinstitutionen, das tun andere schon in ausreichendem Maße. Daß, in bezug auf die späteren Spezialaufgaben, die Schule ähnlich ökonomisch vorgeht, wie das bunt durcheinander fragende Kleinkind, wissen wir. Betrachten wir, was vom Menschen im späteren Leben, vor allem im Beruf, so verlangt wird, so ist das schulische Informationsangebot weitgehend ungeordnet. So wird dann auch, fast möchte man sagen: folgerichtig, vieles vergessen und anderes verdrängt. Irgendwann kommen wir wieder in die Freiheit (auch die ist sehr relativ), in die Selbstverantwortung für die aufzunehmenden Informationen. Der Mensch bestimmt, was er lernen will und vielleicht auch das Wie. Mit dieser Freiheit, wie letztlich mit einer jeden, kommt ihm damit auch die Verantwortung zu. Seltsam, daß so viele ständig von der Freiheit reden und noch mehr von ihr wollen, aber kaum der Ruf nach einem gleichen Maß von Verantwortung laut wird. Dabei ist beides nicht voneinander zu trennen.

Freiheit führt zur Informationssuche

Wir wissen, daß für viele Menschen die Freiheit der Informationsaufnahme nur eine scheinbare ist. Zwar ist er dann den bösen Lehrern entronnen (nach denen er sich schon wenige Jahre später zurücksehnt) und der scheinbar ebenso bösen Schulsituation entflohen. Schon tauchen andere Außenstehende auf, die ihrerseits Zwang auf den Lernwilligen ausüben. Lehre, Studium, Ausbildung, Forderungen von sogenannten Vorgesetzten ... wir wollen diese Betrachtungen nicht weiter verfolgen. Dann sind da noch die inneren Zwänge. So mancher glaubt, gar nicht gezwungen zu sein, vielmehr frei zu entscheiden. Doch was so Berufungen, Leidenschaften und Neigungen genannt werden, sie beschneiden auch stark die Freiheit der Informationsauswahl. Überlassen wir auch hierzu die weiteren Betrachtungen den Berufeneren. Es forscht ja auf diesem Gebiet die Tiefenpsychologie sehr intensiv. Im Augenblick sieht es allerdings so aus, daß die Erkenntnisse lediglich darauf hinauslaufen, der vorigen Generation ihre Fehler vorzuwerfen. Auch die tiefgründenden Tiefenpsychologen werden lernen.

Nehmen wir für unsere weiteren Betrachtungen hier jetzt ein relativ hohes Maß an Freiheit und Selbstentscheidung an. Sicher ist es auch in die Verantwortung jedes Einzelnen gegeben, sich solches zu erringen, zu erarbeiten. Nehmen wir also an, daß der, der nach Informationen sucht, weitgehend frei ist zu bestimmen, welche er aufzunehmen gedenkt, was er sich in sein Gedächtnis einverleiben will. Dann kommt er todsicher wieder einmal zum Fragen. Er kommt zu Fragen, die er dem Informationsstoff stellt. Damit stellt er zugleich Fragen an jene Menschen, die ihm die Informationen gaben bzw. zugänglich machten.

Wertmaßstäbe für Informationen

Die erste und alles weitere entscheidende Frage wird wohl immer die nach dem Wert des Informationsstoffes sein. Genauer gesagt, nach dem Wert dieses Stoffes für den Informationssuchenden, der ihn vor sich liegen hat. Er muß sich fragen: »Was gewinne ich durch die vorliegenden Informationen?« Ganz sicher gibt es keine absoluten Wertmaßstäbe. Es mag sie im ästhetischen Raum wohl geben. Bei sachlichen und fachlichen, vorzugsweise berufsbezogenen Informationen sind alle Wertmaßstäbe individuell, subjektiv.

Der Wert eines jeden Dinges richtet sich nach seinem allgemeinen und nach seinem derzeitigen Nutzen. Ein Science-Fiction-Film zeigte, wie alle Gebrauchsgegestände aus Gold waren und fremde Besucher fortlaufend in Versuchung gerieten zu stehlen. Für die Zukunftsmenschen war Gold keine Währung, sondern ein Gebrauchsmaterial. Auf der einsamen Südseeinsel (bald gibt es sie nicht mehr) hat die Kaurimuschel höheren Wert als Diamanten, weil sie dort die Währung bildet. Für den gestrandeten Robinson sind die Kenntnisse in einem halben Dutzend Weltsprachen völlig wertlos. Für ihn wäre es ungemein wertvoll, sich in der Eingeborenensprache mit den Wilden unterhalten zu können.

Sie sollten deshalb auch zunächst klären, was Ihnen an einem Informationsstoff wertvoll ist und vielleicht auch, wie wertvoll, also welchen konkreten Wert Sie ihm beimessen. Davon hängt es ab, in welcher Weise Sie sich weiter mit diesem Stoff befassen, welche Zeit, Mühe und Arbeitskraft Sie einsetzen.

Die Fragen des schnellen Einstieges

Wir nehmen nunmehr an, um in unseren Betrachtungen weiterzukommen und Ihnen konkrete Ratschläge geben zu können, daß Sie über den Wert eines vorliegenden Informationsstoffes entschieden und nunmehr mit weiteren Fragen an ihn herangehen wollen.

Es geht dann um weitere Fragen. Beispielsweise um diese: »Wie kann mich dieses spezielle Material voranbringen?« Handelt es sich um eine Aufgabensammlung: »Kann ich mit dieser Sammlung etwas anfangen?« »Welchen Nutzen (Fertigkeiten – wo dann weiter mit Gewinn einzusetzen) hat das vorliegende Buch für mich?« »Wenn ich diese Zeitschrift halte, welche Informationen kann ich im allgemeinen und besonderen erwarten?« »Bringt es mich ein Stück in meinen Absichten weiter, wenn ich diesen ganz bestimmten Artikel nunmehr lese?«

»Kann ich erwarten, in meinem Aufstieg gefördert zu werden, wenn ich jenen Vortrag besuche?« Auch hier wäre schon der Freizeitnutzen, die Erholungsmöglichkeit miteinzubeziehen. Wir wollen ja nicht, daß Sie gar nichts weiter mehr in sich aufnehmen, als reinen Berufsstoff. Sie wissen ja: Auch die Art, den Nutzen zu bestimmen ist ein Teil Ihrer Entscheidungsfreiheit.

Viele der oben genannten Fragen und ähnliche lassen sich ohne Analyse einfach nicht mehr schnell und eindeutig beantworten. Was Sie nunmehr brauchen, das sind die gezielten Fragen, jene, die die Klarheit schaffen. Um solche Fragen geht es uns nunmehr hier im Folgenden. Wir wollen Ihnen dabei helfen, sie aufzustellen und zu formulieren.

Fragen nach Ziel und Absicht

Nehmen wir weiterhin an, daß vor Ihnen ein Informationsstoff liegt, von dem Sie annehmen, daß er Ihren Absichten gerecht wird, Sie also in Richtung auf einen erwarteten Nutzen voranbringt. Haben Sie sich schon gefragt, worauf sich Ihre Annahme, Ihre Hoffnung, die Sie in das Material setzen, überhaupt gründet? Sie könnte sich darauf gründen, auf nachstehende Fragen befriedigende Antworten zu erhalten.

— Nennt der Stoff sein Ziel?
Geht aus der Überschrift klar hervor, welche Art von Informationen hier auf mich zukommen?
Läßt sich an einem Inhaltsverzeichnis einerseits die Stoffgliederung, zum anderen auch die Art der Stoffbehandlung erkennen?
Sagt eine Einleitung klar, wohin Sie mit den Informationen geführt werden sollen? Und auch das wäre eine Frage wert: Ist das Ziel klar abgegrenzt gegen andere ähnliche?

Es gibt doch heute zu jedem Thema Bücher, Zeitschriften, Seminare usw., also eine Fülle von Informationen. Es kann deshalb auch auf Nuancen ankommen. Werden Sie nicht müde, weiterzufragen:

- Wird mir deutlich gesagt, welche Fertigkeiten ich mit diesen Informationen erreichen kann?
  Läßt sich schon deutlich erkennen, welche Art von Wissen mir hier vermittelt wird, und kann ich schon wissen, wo ich solches Wissen anwenden werde?

Vom Allgemeinen zum Besonderen

Dabei geht es jetzt nicht mehr um das Allgemeine. Das setzen wir ja schon als nützlich voraus, das nahmen wir als gegeben an. Es geht nun um das ganz Besondere. Jemand, der eine Fremdsprache, sagen wir Englisch, erlernt, ist vom generellen Nutzen der Sprachkenntnisse überzeugt. Vielleicht bringt ihm nun eine besondere Broschüre gerade den Fachwortschatz eines neu zu bearbeitenden Gebietes näher? Technisches Englisch wäre schon wieder zu allgemein. Die zu stellende Frage heißt jetzt:

- Kann ich mit dieser besonderen Aufgabensammlung, mit diesem Glossarium z. B. etwas *Besonderes* anfangen?
  Welches technische Vokabular wird mir vermittelt?
  Welche Voraussetzungen müssen erfüllt sein, damit ich diese Informationen verstehe?
  Wie kann ich diese Informationen am besten aufnehmen und speichern?

Bleiben wir beim Beispiel, dann mag wohl die Antwort so lauten: Beherrschung des englischen Grundvokabulars für Führungsverhalten und Management-Tätigkeiten. Vielleicht ist damit die Arbeit verbunden, sich in Erinnerung zu rufen, welche Grundinformationen vorhanden sind, auf welcher Basis aufzubauen ist. Vielleicht können Sie es Ihren alten Lernstoffen entnehmen, auf wie viele Vokabeln Sie bisher »programmiert« sind. Vielleicht stellen Sie dann fest, daß Sie bislang lediglich rund 1200 englische Vokabeln sicher beherrschen, es also noch nicht genügt, um sich schon mit einem Fachwörterschatz auseinanderzusetzen, sondern erst noch das Basiswissen aufzustocken wäre.

Nehmen wir jedoch wieder an, daß es der vorliegende Stoff sein darf, dann fragen Sie so weiter:

— An welchen Stellen des Informationsstoffes finde ich die Aussagen, die Fakten, die Informationen, nach denen ich suche?
  Ist da eine Einführung gegeben, die mich wirklich in die Dinge »hineinführt«?
  Finde ich über Register schnell zu den wesentlichen Stellen hin?
  Hilft mir ein Stichwortverzeichnis?
  Sind die drucktechnischen Ordnungsmittel so eingesetzt, daß die aussagekräftigen Informationen gut herauskommen?

Weder gedankenlos durchblättern, noch unnötig aufhalten

Bei dieser Arbeit mit gezielter Fragetechnik ist es vor allem wichtig, von dem oft mehr gedankenlosen Durchblättern wegzukommen.

Es ist genauso wichtig, sich nicht an solchen Textstellen aufzuhalten, die nicht vorwärtsbringen, die vielleicht nur ein Ergebnis der Selbstgefälligkeit eines Informationsstoff-Darbietenden sind. Seit ich mir ein solches Bedenken, Vorarbeiten, Fragen angewöhnte, gelingt es mir gut, eine Vielzahl von Informationsstoffen schnell auszusondieren. Es wird (als Gewinn zu betrachten) gar nicht erst viel Lesearbeit und zugehöriger Zeitaufwand investiert an solche Stellen, die nichts bringen. Wer erst auf der Strecke oder nach einem zeitaufwendig erreichten Zwischenziel bemerkt, daß er in falsche Richtung geriet, arbeitet immer unökonomisch. Mancher merkt es auch nie oder viel zu spät, d. h. erst dann, wenn er den Stoff schon voll bearbeitete. Ist die gezielte Fragearbeit erst einmal zu einer guten Gewohnheit geworden, so braucht sie nicht ständig in den Vordergrund des Bewußtseins gehoben zu werden, um zu kontrollieren, ob man etwa rückfällig wurde.

Bewußte Zuwendung an die Informationen

Wer sich intensiver mit den sogenannten Erfolgssystemen befaßte, wird sehr bald feststellen, daß in allen, sie mögen sonst noch so stark voneinander abweichen, der gleiche wichtige Gedanke wiederkehrt: Die Forderung nach einer bewußteren Zuwendung zu den Ereignissen und Einflüssen, die das persönliche Vorwärtskommen fördern oder bremsen. Dazu gehört dann natürlich, daß aus den so gewonnenen Einsichten Schlüsse gezogen und Folgemaßnahmen abgeleitet werden. Wir wollen die Betrachtungen in diesem Buche nicht mit dem (oft anderweitig mißachteten) sehr anspruchsvollen Namen »Erfolgssystem« belegen.

Außer Zweifel steht es jedoch, daß gezielte Fragen zu einer konzentrierten Hinwendung führen und damit beste Ansatzpunkte für erfolgsträchtige Handlungsweisen bieten.

Fragen nach den Adressaten

Wir wollen einmal von jenen Neugierigen absehen, die alles interessiert und letztlich wieder rein gar nichts. Sie haben keinen vernünftigen Grund für ihre Neugier, es sei denn den, daß in Neugierbefriedigung allein ihr Erfolg liegt. Der vernünftig denkende Mensch wird im Laufe seiner weiteren Arbeit mit folgenden Fragen an seinen Informationsstoff herantreten:

— Geht aus den ersten (z. T. oben schon genannten) Angaben oder Textstellen bzw. aus weiteren, die schnell zugänglich sind, deutlich hervor, an wen sich die Informationen richten?
Nennt der Stoff den Adressatenkreis, an den er sich richtet?
Habe ich es mit einem mich überhaupt betreffenden Stoff zu tun?
Oder wieder etwas spezieller:
Welche Berufsgruppe wird angesprochen?
Welche Interessentengruppe ist gemeint?
Welchen Spezialisten kommen diese Aussagen zu?
Welche Altersgruppe steht im Zielfeld der Informationen?

Vielleicht fragen Sie auch auf diese Weise:
Wer ist nicht angesprochen, gehöre ich zu den »Nichtangesprochenen«?
Wer muß sich anderen Stoffen zuwenden, kann sich an diesem hier die Arbeit auf jeden Fall sparen?
Wahrscheinlich taucht dann erneut die Frage nach den Vorkenntnissen auf. Vielleicht werden Sie sich erneut zu fragen haben, was Informierender und Stoff an Vorkenntnissen und Voraussetzungen erwarten.

Nicht bei Nutzlosem aufhalten

Bei all diesen Fragen geht es um unmittelbare Entscheidungen für die weitere Arbeit, für das weitere Verhalten.

Auf keinen Fall sollte sich der Informationssuchende so verhalten, wie jener törichte Kinofreund, der sich nicht zu gehen entschließen kann. Er bemerkt sehr bald, daß der Film nichts taugt, daß er die Erwartungen nicht erfüllt, eher noch verärgert. Dennoch kann sich der Beschauer nicht entschließen, das Kino zu verlassen, weil er ja bezahlt hat. Zu dem Ärger über das hinausgeworfene Geld gesellt sich der weitere für zwei vertane Stunden. Vielleicht hofft unser Mann auch die ganze Zeit, der Film möge doch noch ganz nett werden und ist am Schluß um so mehr enttäuscht. Der Volksmund sagt ähnliches mit dem Wort: »Lieber den Magen verrenken, als dem Wirt 'was schenken!« Wollen Sie auch lieber Magenschmerzen haben, als etwas auf dem Teller liegen lassen? Wenn Sie erkannten, daß ein Film nichts taugt, scheuen Sie sich nicht zu gehen. Sinngemäß verhalten Sie sich auch bei anderer Aufnahme von Informationsstoffen. Meist ist das noch unbedenklicher als im Kino. Da könnten Sie vielleicht die Schlußszene, das einzig Interessante am ganzen Film, versäumen. Bei der Informationsauswahl an Lesestoffen oder Tonträgern (z. B. Lernkassetten) kann notfalls zurückgegriffen werden, ohne daß es eines sonderlichen Zeitaufwandes bedarf. Was wir Ihnen jetzt raten: Suchen Sie laufend mit gezielten Fragen Entscheidungen zu treffen. Nutzen Sie Ihre Zeit. Belasten Sie sich wenig oder gar nicht mit Dingen, die nur Mühe machen, aber kaum etwas einbringen.

Entscheiden Sie sich für die Richtung

Es ist besser für Sie, Ihr Wohlbefinden und Ihre Gesundheit, eine Stunde lang nichts zu tun oder gemächlich spazieren zu gehen, als sich mit Informationen herumzuschlagen, die Ihnen nichts einbringen. Denken Sie lieber an Ihre körperliche Fitness, bevor Sie Ihren Geist anöden lassen. Wir wissen es nicht, in welche Richtung Sie wollen. Sie werden es wissen und sich richtig entscheiden. Wir können Ihnen nicht sagen, in welche Richtung Sie zu gehen haben, das entscheiden Sie ebenfalls. Es ist jedoch nicht gemeint, daß Sie sich ausschließlich mit berufstechnischen oder arbeitsnotwendigen Dingen beschäftigen dürfen. Sie selbst haben die Verantwortung für den Verbrauch Ihrer Zeit und den Einsatz Ihrer Mühe. Arbeit um der Arbeit selbst willen ist ziemlich unsinnig. Es gibt Leute, die sich in der Arbeit vergraben. Die fragen nicht viel, die arbeiten einfach. Vielleicht wollen sie damit Sorgen überdecken oder betreiben eine Art von Lebensflucht. Auch eine Möglichkeit, und vielleicht eine bessere, als Drogen zu nehmen. Wir hoffen, daß Sie nicht zu solchen Abhängigen gehören.

Fragen nach der Stoffeinteilung

Gehen wir in einige Details, um zu ermitteln, wieviel Arbeit und damit schon wieder, wieviel Zeit und Mühe es kosten kann, um benötigte Informationen gut zu speichern.

Fragen Sie auf diese Weise ganz gezielt:

- Bietet vorliegender Informationsstoff durch Gliederung und Hilfsmittel (Gut übersichtliches Inhaltsverzeichnis / Flußdiagramm der Einzelheiten und Zusammenhänge / Bilder und sta-

tistische Darstellungen) einen überschaubaren Weg an?
Sind die einzelnen Stationen des Informationsweges erkennbar?
Läßt sich der Zeitbedarf dadurch im voraus ermitteln?
Wie kann ich meinen Einsatz an Mühe und Mittel überschlagen?

— Ist mir der Weg durch die Darstellungsart geebnet?
An welchen Stellen im Stoff werden Neuigkeiten (die eigentlichen Informationen) geboten?
Welche andere Stellen sind Wiederholungen?
Welche der Wiederholungen benötige ich für die Wissensfestigung? Welche kann ich auslassen?
Ist vorliegender Informationsstoff nur Teil eines übergeordneten Ganzen? Wie weit muß ich mich dann mit diesem Übergeordneten ebenfalls befassen?
In welchem Verhältnis stehen Teile und Ganzes?
Paßt sich der Stoff nicht nur im Inhalt, sondern auch in der Darbietung meinen Absichten an?
Kann ich mich vielleicht diesem Stoff anpassen?
Wird mir Methodik mitgegeben (z. B. Arbeitsanweisungen am Anfang eines Buches oder in einem methodischen Begleitheft zu einem Leitprogramm)?
Ist die ganze Information überhaupt noch aktuell?
Ist der Stoff überholt? Wie komme ich an aktuelleren?

Dann gibt es auch noch einige Fragen, die nur der Mehrwissende gut beantworten kann, die anderen Informationswilligen hingegen einige Mühe bereiten. Dennoch sind diese Fragen zu stellen:

— Ist der Stoff fachlich einwandfrei gegliedert?
Ist er folgerichtig aufgebaut?
Sind Aufgaben angewiesen oder andere Kontrollmaßnahmen eingeblendet, damit der Fortschritt der Informationsgewinnung überwacht werden kann?

Fragen auch an Erfahrene weiterleiten

Wir sagten, daß auch die schwierigeren Fragen zu stellen wären. Überlegen Sie, ob Ihnen nicht Erfahrene zu Hilfe kommen können, um die Antworten zu finden. Bitten Sie Berufene. Der Versuch, aus eigener Erfahrung zu den Antworten zu gelangen, lohnt selbst dann, wenn diese schließlich nicht gefunden werden. Dadurch wird Ihnen der Lohn zuteil, daß Sie dabei alle geistigen Kräfte aufbieten. Das ist ein Denk- und Konzentrationstraining! Solch ein Training kann allerdings nicht bis in Frustrationen hineingehen. Also nochmals: Suchen Sie sich Hilfe bei denen, die es schon wissen. Ist Ihnen dieser Weg verschlossen, dann bleibt für die Fortsetzung unseres Frageverfahrens eigentlich nur noch die wagemutige Annahme, daß all die hinter den Fragen stehenden Forderungen erfüllt seien. Aber dann müssen Sie auch alle anderen Fragen, nämlich die, welche sich beantworten lassen, sehr sorgfältig bearbeiten.

Von der sachlichen Richtigkeit

Ihr nächstes Frageanliegen an einen Informationsstoff wird auf die sachliche Richtigkeit abzuzielen haben. Hier kommen Sie nun wirklich kaum ohne die Hilfe derer aus, die es wissen.

Allerdings ist es auch denkbar, solche Fragen zunächst völlig zurückzustellen. Später, bei der eigentlichen Informationsverarbeitung, werden sie wieder hervorgeholt und können möglicherweise mit wachsender Einsicht auch leicht beantwortet werden. Sie gewinnen ja mit jeder aufgenommenen Information, mit jedem gewonnenen Fakt, an Wissen. Ihr Verständnis wird übergreifender, und dann können Sie die Fragen sicherlich bestens klären:

- Enthält der Informationsstoff sachliche Fehler?
  Wenn ja, worin bestehen diese Fehler?
  Stören solche Fehler das allgemeine Verständnis?
  Kann ich über sie hinweggehen?
  Wenn nicht, wo finde ich einen anderen Stoff zum gleichen Thema, der fehlerfrei ist?

- Wird das Thema überhaupt vom Darbietenden beherrscht?
  Wird es zu ausführlich oder zu anspruchsvoll dargestellt?
  Wird es unter Niveau oder nur oberflächlich behandelt?

– Stehen Aussageart und Aussagegehalt (Textdarstellung / Textumfang / Zahl der Wörter) in angemessenem Verhältnis?
  Liest sich der Text angenehm und doch fesselnd?

– Ist das beigegebene Bildmaterial korrekt?
  Sehe ich dem ganzen Stoff die Sorgfalt seiner Erstellung an?
  Wie gut ist das Bildmaterial?
  Stehen Bilder und Darstellungen auch an den rechten Stellen?
  Reicht das veranschaulichende Material aus, um die Informationen sicher ankommen zu lassen?
  Lenken Bilder und eingeblendete Fremdelemente (wie in mancher populärwissenschaftlichen Literatur) vom Inhalt ab?
  Gibt es also nichtssagende oder gar störende Elemente?

– Wird der Informationswillige über mögliche falsche Betrachtungsweisen aufgeklärt?
  Wird ihm gesagt, zu welchen Fehlanschauungen es kommen kann, und wie sie zu vermeiden sind?

– Enthält der Text auch keine Druckfehler?

Fehler nicht zu Fallstricken werden lassen

Zu Fehlern und insbesondere formellen Unrichtigkeiten (wie Druckfehler) noch ein kleiner Hinweis: Selbst bei sehr sorgfältigem Arbeiten schleichen sich auch in anspruchsvolle Drucktexte ab und zu Druckfehler ein. Ob in wissenschaftlichen Fachbüchern oder anspruchsvollen Fachzeitschriften, es ist niemand dagegen gefeit. Drucker, Setzer, Lektoren, Redakteure, Verleger und sogar Autoren sind auch Menschen. Absolute Fehlerfreiheit würde wahrscheinlich Aufwendungen erfordern, die die Kosten der Informationsdarbietung ins Ungemessene treiben. Es erhebt sich dann die Frage, ob ein solcher Aufwand zu rechtfertigen ist, oder ob man nicht mit einer Mindestzahl an Fehlern lebt, aber wirtschaftlich arbeitet? Achten Sie deshalb darauf, daß ein Buch oder der Informationsstoff Ihrer Wahl »im Prinzip« fehlerfrei ist und sehen Sie über den gelegentlichen Schnitzer hinweg. Das sollten Sie insbesondere dann tun, wenn dadurch keinerlei Informationsverlust oder keine Informationsverfälschung eintritt. Häufen sich jedoch die Formfehler, dann dürfen Sie ruhig schließen, daß oberflächlich gearbeitet wurde, und das kann dann auch für den Inhalt zutreffen.

Noch eine Frage, die aber sogar von Fachleuten unterschiedlich beantwortet wird:

– Sind die Angaben von Einzeldaten, wie z. B. Meßwerten genau genug?
  Anders gesagt: Sind die Toleranzen zu groß?
  Vielleicht aber auch: Ist das alles penibel, kleinlich, übergenau ausgelegt? Genügt es nicht etwas gröber?

Vom angemessenen Schwierigkeitsgrad

So weit im letzten Teil Fragen, die der Hilfe der Mehrwissenden bedürfen, wenn sie alle genau beantwortet werden sollen. Nun wieder einige andere Fragen, die Sie sich selbst gut beantworten können. Mitunter werden Sie allerdings die Antworten mehr aus einem Gefühl heraus geben. Es geht um die Angemessenheit der Forderungen, die Informationen an Sie stellen. Es geht, wie man ebenfalls sagen kann, um den rechten Schwierigkeitsgrad. Zu leicht darf es gar nicht sein. Wird ein Informationssuchender nicht oder zu gering gefordert, so schleicht sich schnell bei ihm die Oberflächlichkeit ein. Die Konzentration schwindet im gleichen Maße dahin, schließlich werden die Informationen überhaupt nicht mehr bewußt. Sie brauchen etwas Anspannung, damit Sie gespannt bleiben und auch der Informationsstoff spannend bleibt.

Hier sind Ihre nächsten Fragen:

– Haben die Aussagen generell und die eventuell vorhandenen Aufgaben einen angemessenen Schwierigkeitsgrad?
  Sind die Aussagen nicht zu schwer zu verstehen?
  Machen die Aufgaben nicht zu große Schwierigkeiten?
  Sind Aussagen und Aufgaben aber auch nicht zu leicht und damit geisttötend?

Gibt es am Informationstext nichts weiter zu denken?
Geht von den Aussagen sozusagen eine Aufforderung zum Mitdenken, zur Mitarbeit aus?

– Werden schwierig zu verstehende Zusammenhänge ausreichend erklärt?
Wird das, was zu merken ist, oft genug wiederholt, damit es sich auch im Gedächtnis speichert?
Arbeitet der Informationstext mit klärenden Beispielen?
Setzt der Text Vergleiche an, wenn Beispiele fehlen?
Vermeidet der Text die trockene Dozentensprache?
Spricht der Text vielmehr den Adressaten lebendig an?
Sind Lernhilfen in den Text eingebaut?
Ist während der Arbeit das Gefühl zu gewinnen, daß man über die gewonnenen Informationen vorwärts kommt?

– Sind Übungsmöglichkeiten angeboten?
Wird erklärt und aufgezeigt, wie die gewonnenen Informationen in der Praxis nützlich anzuwenden sind?
Fehlt etwa der Bezug zur Praxis?
Werden die Informationen zu schulisch abstrakt dargeboten?
Reichen die Verständlichkeitsmittel aus?

– Ist die Sprache, die Ausdrucksweise den Adressaten angemessen?
Ist der Stil verständlich zu lesen?
Nützt der Text wirklich alle Mittel der Veranschaulichung?
Ist der Text weder wortkarg, noch weitschweifig?
Welche Stilmängel wirken sich störend aus?
Wechseln Worte und Aussageformulierungen, wenn etwas wiederholt werden muß?

Fragen sind Lebenselexier

Wir geben zu, daß Sie so manche dieser Fragen stark fordert. Nicht jede der Antworten wird Ihnen leicht fallen. Sie haben auch gesehen, daß es gewisse Überschneidungen zum vorangegangenen

Fragenkomplex gab. Hinter all dem steckt Absicht. Wir deuteten es schon früher an: Wir suchen immer wieder nach Möglichkeiten, die geistige Arbeit zu aktivieren. Wir möchten gern, daß Sie innerlich voll Fragen sind. Ja, so voller Fragen wie das Kind. Wir sind nämlich der Meinung, daß darin ein Lebenselexier steckt. Wer nicht mehr fragt, sich gar nicht mal die Mühe gibt, überhaupt Fragen aufzustellen, der ist schon stark auf der absteigenden Linie. Es sei denn, er ist ein Philosoph und in sich selbst so zufrieden wie jener alte Grieche (dieses Mal nicht der Sokrates), der keinerlei Besitz anstrebte und sogar noch seinen Trinkbecher wegwarf, als er sah, daß ein Knabe sich der hohlen Hände als eines Trinkgefäßes bediente. Wenn Sie etwas mehr wollen, als aus der hohlen Hand zu leben, dann halten Sie Ihre geistigen Aktivitäten über ständige Fragen wach.

Wenn Sie es sich mit den Fragen an Informationsstoffe anfangs etwas leichter machen wollen, dann setzen Sie die ersten Fragen bei den Äußerlichkeiten des Informationsstoffes an. Gehen Sie dann erst allmählich zur inhaltlichen Aussage über.

Die letzten Fragen können Ihre ersten sein

Und hier nun noch die letzten Fragen, die Sie – wie schon gesagt – aus Gründen der Arbeitserleichterung zu Ihren ersten machen können. Allerdings dürfen Sie daraus nicht den Fehlschluß ziehen, daß eine ansprechende äußere Gestaltung schon dem Inhalt die Qualifikation gibt. Weitaus öfter läßt sich von einer lieblosen, gar oberflächlichen Behandlung des Äußeren der Schluß auf eine entsprechende Denkart des Informierenden ziehen.

Fragen Sie also:

– Ist die ganze Aufmachung ansprechend?
  Wirkt die Aufmachung zu vielversprechend?
  Wirkt sie vielleicht untertreibend?
  Ist der Stoff handlich oder (wie es so schön heißt) »pflegeleicht«, d. h. sind Format und Einband gut zu handhaben und zu behandeln?

— Ist die drucktechnische Gestaltung einwandfrei?
Sind Schriftart und -größe so gewählt, daß es eine angenehme Augenarbeit wird?
Oder fühlen Sie etwa, daß Ihre Augen durch Äußerlichkeiten strapaziert werden?
Ist der Text in überschaubare Einheiten, Blöcke mit dazwischenliegendem Leerraum gesetzt?
Sind Hervorhebungen so angebracht, daß die Hauptinformationen schnell zu finden sind?
Ist ein »roter Faden« da, dem leicht zu folgen ist?

— Sind die Arbeitsmöglichkeiten des Informationssuchenden berücksichtigt worden?
Gibt es z. B. Schreiblücken oder Raum für Arbeitsmarken?
Lassen sich Markierungen auch sonst gut anbringen?
Ist für evtl. Aufgabenlösungen genug Platz vorgesehen?

— Gibt es weiterführende Teile, Hinweise für die Informationsarbeit mit anderen Stoffen?
Sind Quellenhinweise und Literaturangaben gemacht?
Werden auch jene Quellen genannt, aus denen nur der Autor schöpfte und zu denen zu gehen, dem Informationssuchenden Vorteile bringen kann?
Wurde etwas über die Entstehung der vorliegenden Informationen ausgesagt?

Treffen Sie Ihre Wahl

Wir kommen Ihnen nochmals mit einem Hinweis, den Sie eigentlich längst schon aus früheren Aussagen ableiten können. Wir wiederholen ganz bewußt, weil es wichtig und notwendig ist. Die Vielzahl der Fragen, die Sie an einen Informationsstoff richten können, gibt Ihnen eine größere Zahl von Einstiegsmöglichkeiten. Sie sind da nicht streng an eine festgelegte Fragenreihe gebunden. Sie sollten sich darum bemühen, die für Sie beste Einstiegsmöglichkeit herauszufinden.

Sie werden auch sicherlich nicht sämtliche der hier aufgeführten Fragen stellen müssen. Auch über diesen Einsatz haben Sie selbst zu befinden. Ebenso gibt es sicherlich bei jedem Informationsstoff diverse Fragen aus unseren Reihen, die Sie selbst mit den allerbesten Vorkenntnissen nicht beantworten können. Das alles ist völlig sekundär.

Primär ist es,
daß Sie überhaupt Fragen stellen
und sich ehrlich und intensiv um Antworten bemühen. Dann können Sie auf eine an Sie gerichtete Frage: »Wie schaffen Sie Ihr Arbeitspensum nur und haben dennoch so viel freie Zeit?«
etwa so antworten: »Ich frage mich vorwärts!«

Das Wichtigste zu 7. in Merksätzen

- In wenigen Jahren wird der größere Teil der Bevölkerung auf dem Sektor der Informationsverarbeitung tätig sein.
- Unsere Absicht ist es, mit Fragen Informationen zu sammeln.
- In Kinderfragen zeigt sich oft uraltes Mensheitsanliegen.
- Mit der Bestimmung, was er lernen will, muß der Mensch auch Verantwortung auf sich nehmen lernen.
- Die Freiheit der Informationsaufnahme führt zu der ersten Frage, der nach dem Wert der Information.
- Klären Sie immer, was eine Information für Sie wert ist.
- Fragen Sie bei Informationsstoffen nach Ziel und Absicht des Informationsangebotes.
- Halten Sie auch in Erinnerung, auf welchen Grund- oder Vorkenntnissen Sie aufbauen.
- Übergehen Sie Textstellen, die keine Informationen enthalten.
- Wenden Sie sich den eigentlichen Informationen bewußter zu.
- Niemals sich bei Nutzlosem oder Verärgerndem aufhalten.
- An Informationsdetails ist der zu erwartende Arbeitsaufwand zu ermitteln.
- Verschaffen Sie sich Klarheit über den Weg, den Sie Ihre Informationsstoffe führen wollen.

- Bedienen Sie sich bei der Informationsaufnahme des Rates der Erfahrenen.
- Legen Sie Augenmerk auch auf die sachliche Richtigkeit.
- Sehen Sie über Fehler, die den Informationsgehalt nicht berühren, großzügig hinweg.
- Schließen Sie aber auch ruhig aus massierten Formfehlern auf Oberflächlichkeit der Informationsgebenden.
- Achten Sie auf angemessenen Schwierigkeitsgrad. Zu geringer läßt die Konzentration verlustig gehen.
- Fragen aktivieren und sind Lebenselexier.
- Wer sich die Arbeit erleichtern will, setzt die ersten Fragen bei den Äußerlichkeiten des Informationsstoffes an.
- Wählen Sie aus der Vielzahl unserer Fragen die aus, die Ihnen den besten Einstieg in einen Informationsstoff gewährleisten. ▸

8

8. Fragetechnik in der Dialektik

Ob im persönlichen Gespräch »unter vier Augen«, ob in der Diskussionsrunde am sogenannten runden Tisch, wer sich mit anderen mündlich auseinandersetzt, will oder wünscht zumindest, daß er die Oberhand behält, daß er mit seiner Meinung durchkommt. Dialektik heißt ja landläufig die Kunst der Auseinandersetzung im Gespräch oder der wissenschaftlichen Gesprächsführung.

In dieser Kunst gibt es eine ganze Reihe von Vorgehensweisen und Verhaltensregeln. Eine davon, und sicherlich weder die unwichtigste noch die schlechteste, ist die des rechten Fragens.

Investition an Gedankenarbeit

Begonnen bei dem schon häufig zitierten Sokrates bis zum modernen noch öfter erwähnten Fernsehkommissar sind es immer wieder geschickte Fragen, mit denen aus dem anderen Menschen etwas herausgebracht werden soll und mit denen man sie zugleich in gewünschtem Sinne leitet. Sei es, daß der alte Grieche seiner Umwelt beweisen wollte, daß sie nichts wisse und nichts wissen könne, sei es, daß der Krimiheld den Bösewicht der Tat überführen will: Geschickte Fragen bringen das gewünschte Ergebnis oft herbei.

Hinter Fragen stecken Absichten, die Absichten oder Ansichten, die der Frager durchsetzen will. Daraus entsteht für ihn ein Gewinn. Ist es dann nicht billig zu verlangen, daß er einiges zu investieren habe? Er hat vieles zu investieren und zwar an Gedankenarbeit. Das ist sein Einsatz, und die Gedanken, die dann angebracht werden sollen, sind zugleich so etwas wie die Ware, die es zu verkaufen gilt. Kein Geschäft ist ohne Risiko, so sagt man im Kaufmännischen – sonst sei es kein Geschäft. Ihr Risiko, d. h. das des Fragenden, besteht darin, sich falsch vorzubereiten.

Wir wollen Ihnen helfen, das Risiko zu mindern. Halten Sie vor allem fest: Je präziser Sie fragen, desto sicherer kommen die erhofften Antworten und mit ihnen die Informationen, die Sie benötigen, um weiter zu fragen und zu steuern. Denken Sie auch daran, daß es nicht darauf ankommt, viele Worte zu machen, sondern die Worte richtig zu setzen und dem anderen Gelegenheit zu geben, daß er »kommt«.

Zeit zum Antworten lassen

Auch das wäre noch klarzustellen: Wer fragt, muß dem Befragten ausreichend Zeit und Gelegenheit geben, zu antworten. Daß das wieder einmal nicht so selbstverständlich ist wie es so dahergeschrieben scheint, beweisen jene Sprechenden, die es fertigbringen, auch mit Fragen zu monologisieren. Es war auch schon die Rede vom Fragenbombardement. So kann vielleicht jemand mundtot gemacht werden, dem möchten wir hier jedoch nicht das Wort reden. Worauf Sie zu achten haben ist dieses: Antwortet der Befragte in meinem Sinne? Leite ich ihn systematisch in meine Denkrichtung? Gebe ich ihm Gelegenheit zum Mitdenken, ergo zum Nachvollziehen der von mir vorgedachten Gedanken? Diese kurzen Andeutungen mögen Ihnen unterstreichen, daß wir nicht von jener unfairen Dialektik Gebrauch machen wollen, die den anderen überfährt. Ein solches Vorgehen hat autoritäre Züge. Wenn Sie befehlen können oder nur befehlen wollen, dann brauchen Sie sich nicht solch große Mühe gedanklicher Vorarbeit zu machen. Fragt sich nur, wie lange es dauert, bis Sie einem anderen begegnen, der Ihnen befiehlt. Daß auch so Systeme aufgebaut werden können, zeigt die ganze Menschheitsgeschichte, doch sind das andere Kapitel in ganz anderen Büchern.

Ein paar Regeln

Fragen, die überzeugend wirken und zu brauchbaren Antworten (immer im Sinne des Fragenden) führen sollen, sind klar und unmißverständlich zu formulieren. Fragen Sie sich selbst, und wenn es um wichtige Verhandlungen geht, eine Testperson, ob Ihre Formulierungen unmißverständlich sind. Sind sie es nicht, sind sie verschwommen oder auf verschiedene Weise zu verstehen – wie wollen Sie zu klaren Antworten kommen?

Na und, da haben Sie den ersten Rat: Durchdenken Sie Ihre Fragen gründlich und fassen Sie sie in verständlichen Worten ab. Das hatten wir überdies auch schon: Kürze kann wesentlich zur Verständlichkeit beitragen. Mit der Zahl der Wörter wächst nicht nur die Gefahr, schlechter verstanden zu werden. Es wächst auch die andere Bedrohung: hinter einer größeren Zahl von Wörtern steckt keine Aussage mehr. Wohltuende, die Verständlichkeit verbessernde Kürze ist nicht dasselbe, wie kurz angebunden sein. Nach der Frage ist dem Angeredeten Zeit zur Antwort zu lassen. Achten Sie darauf besonders, weil Kurzformulierungen dazu verführen, mehrere Fragen aneinanderzureihen.

Das könnte wieder ein Rat für Sie sein: Geben Sie nur einen Gedanken, nur einen Gesprächspunkt in eine Frage. Der neue Gedanke, der nächste Gesprächspunkt, sie erfordern auch die neue Frageformulierung.

Bei aller Sachlichkeit werden Sie doch zu besseren Antworten kommen, wenn Sie das Gefühl im Befragten ansprechen. Oft genügt es für den Anfang schon, das Wörtchen »Sie« etwas zu betonen:

»Wie sehen Sie die Dinge?« »Was können Sie aus Ihrem Erfahrungsschatz dazu sagen?« »Wie ist da Ihre Ansicht?«

Jeder ist sich selbst der Allernächste

Wann hören Sie auf ein Angebot? Wann wird für Sie eine Frage interessant? Sicher doch dann, wenn Sie sich einen Nutzen, einen Vorteil für sich versprechen. Sie gehören doch nicht zu jenen seltsamen Käuzen, die glauben, daß das bei anderen anders sei?

Sie glauben nicht, daß es solche Käuze geben könne? Nun, dann haben Sie vermutlich einige Beobachtungsmängel. Sehen Sie sich um. Viele Menschen wollen, auch in ihren Reden, zwar ständig die eigenen Vorteile wahren, kümmern sich aber nicht im mindesten um die der anderen. Nehmen Sie deshalb den folgenden Rat sehr ernst: Bemühen Sie mit Ihren Fragen das Interesse des Gesprächspartners. Geben Sie ihm die Hoffnung, daß er durch seine Antwort, bzw. sein Verhalten selbst den größten Gewinn erzielt.

Überdies ist es mit Gedanken, die weder vorteilhaft noch nachteilig für den Partner sind, die aber Sie selbst für wertvoll und nützlich halten, nicht viel anders. Glauben Sie nicht, daß die Neutralität allein schon genüge, den anderen zustimmen zu lassen. Gibt es wirklich derartige Wertfreiheit, dann läßt sie die meisten Angesprochenen einfach kalt. Sie sind nicht interessiert. Gerade darum ging es: Ein Interesse, ein Mitfühlen, ein Mitdenken zu erzeugen. Also suchen Sie dann nach den Vorteilen für den Partner und machen Sie sie ihm schmackhaft.

Wann Fragen zu wiederholen sind

Manche Fragen werden wirklich nicht verstanden, bei manchen anderen tut einer nur so, als ob er nicht verstehe. Bleiben Sie hartnäckig (ohne zu verhärten) und wiederholen Sie Ihre Frage. Das sollten Sie aber geschickt tun, damit es nicht aufdringlich wirkt.

Wiederholen Sie Ihre Frage in anderen Worten, oder machen Sie einen kleinen Umweg, d. h. fragen Sie zunächst nach etwas anderem. Vielleicht ist der Befragte auch ärgerlich oder gar erregt geworden. Dann sollte er sich ohnehin zunächst beruhigen. Holen Sie tief Luft. Sagen Sie: »Nun, dann stellen wir diesen Punkt zunächst zurück!« Wenn es die Situation erlaubt, können Sie auch einen Scherz einflechten oder einen Witz erzählen. Machen Sie dann, wenn Sie auf Ihr Anliegen zurückkommen, den einen Beschwichtigungsversuch: »Lassen Sie uns in Ruhe gemeinsam die unterschiedlichen Meinungen abwägen!« ... und dann kommt die neue — alte Frage. Sie müssen Fragen auch dann wiederholen, vielleicht unterteilen, auf jeden Fall jedoch in neue Worte fassen, wenn die Antwort, die Sie erhielten, nicht ausreichte.

Mitunter geschieht das durch Wiederholung der Antwort, gelegentlich durch bewußt etwas anders ausgelegte Antwort, als vom Sprechenden wohl gemeint: »Habe ich es recht verstanden, daß Sie ...« Natürlich geht es manchmal auch einfach so: »Würden Sie mir das bitte ein wenig genauer auseinandersetzen?«

Haben Sie eine völlig unerwartete Antwort erhalten und drohen Ihnen die Fäden aus der Hand zu gleiten, dann kann oft noch so gesteuert werden: »So sehen Sie es, wäre es nicht ebenso denkbar, daß es so ist (und dann kommt Ihre Meinung)? Bei allem sei noch geraten, daß ein starkes Bemühen des Fragers darauf gerichtet bleiben muß, immer unaufdringlich zu wirken. Aufrecht und standfest ist etwas ganz anderes als eigensinnig und rechthaberisch. Oft ist es nur der Ton, der den Unterschied macht. Achten Sie aber auch bei der Fragenformulierung darauf.

Wenn Antworten auf sich warten lassen

Erinnern Sie sich an das, was über die Suggestivfrage gesagt wurde? Hoffentlich haben Sie sie nicht falsch gesehen. Sie ist ein durchaus brauchbares Mittel in der Dialektik, sollte jedoch so eingesetzt werden, daß der andere sich damit in seiner (wenn auch nur angenommenen Meinung bestätigt fühlt: »Es liegt doch sicher völlig in Ihrem Sinn...?« »Wir werden da bestimmt schnell einer Meinung sein..., nicht wahr?« »Es liegt Ihnen sicherlich am Herzen...?«

Vermeiden Sie bei solchen Fragen nach Möglichkeit, sich auf etwas Negatives auszurichten. Also nicht: »Sie glauben doch wohl selbst nicht...?« Soviel voraus zum Thema: Keine Antwort. Grobe Aussagen, wie: Das geht Sie nichts an! oder in Frageform »Was geht Sie das denn an?« also Nichtantworten, sind fast immer ein Zeichen für falsches Frageverhalten. Ist es nun einmal passiert, dann beruhigen Sie den Partner, wenn Ihnen an dessen Antworten gelegen ist und stellen Sie dann eine Suggestivfrage, die das Interesse des Befragten berühren muß: »Liegt es nicht auch in Ihrem Interesse...?« »Könnten Sie nicht großen Nutzen ziehen, wenn...?«

Auf keinen Fall sollten Sie den Gekränkten markieren und ebenfalls grob reagieren. Davon gibt es, wie überall im Leben, auch hier Ausnahmen. Es gibt »scheinbare« Grobiane, die wollen nur mal so testen, wie weit sich ein anderer einschüchtern läßt. Die lachen sich dann halbtot, wenn ihnen ein anderer auch grob kommt. Sie zu erkennen ist nicht leicht. Deshalb verfahren Sie sicherer, wenn Sie zwar beharrlich auf Ihr Anliegen zurückkommen, dabei aber einen versöhnlichen Ton zu treffen suchen.

Mancher vermeidet die korrekte Antwort, indem er lügt. Schleudern Sie dem nicht den Vorwurf ins Gesicht, daß er die Unwahrheit sage. Tun Sie so, als ob Sie glauben und stellen Sie neue Fragen, die zu ehrlicheren Antworten führen. Vielleicht auf diese Weise: »Das setzt mich in Erstaunen, könnte es nicht auch so gewesen sein?« »Das ist ein neuer interessanter Aspekt, ich habe schon gleiche Fälle gehabt, da es anders war. Ist es nicht denkbar, daß Sie hier etwas verwechseln?«

Nebenbei: Manche Antworten weiß der Befragte wirklich nicht. Versuchen Sie dann mit ihm gemeinsam zu überlegen, ob sich nicht doch noch die Antwort finden läßt, nämlich dann, wenn man auf einfachere Grundlagen zurückgeht.

Schließlich noch die ausweichende Antwort. Dann bedarf es einiger Diplomatie und vielleicht einiger Argumente für weitere Vorteile zugunsten des Befragten.

Keine unfairen Tricks

Ob Menschen und Zeiten heute besser oder – wie man immer wieder hören und lesen kann – schlechter geworden seien, wird sich wohl nie erfragen lassen. Keine Frage hingegen ist es, daß der, der das Gute will, selbst vom Guten überzeugt sein und danach handeln muß. Das geht wieder einmal gegen die unfaire Dialektik. Aufrichtigkeit sollte schon über allem stehen. Schließlich muß der, der mit faulen Tricks arbeitet, auch damit rechnen, einem besseren zu begegnen. Sind jedoch alle um Aufrichtigkeit bemüht, dann ist allen wohlgetan. Es gibt z. B. ein sogenanntes »Handbuch der Steuerhinterziehung« – wäre der Titel ernst gemeint und nicht schon längst beschlagnahmt, dann dürften Sie als Leser sicher sein, daß ihn jeder Finanzprüfer gründlich studierte. So ist es mit der unfairen Dialektik. Sie müssen damit rechnen, daß die Tricks bekannt sind. Bleiben wir im Felde der Fairness. Fragen könnten dazu beitragen, Spannungen zu vermeiden oder zu beseitigen. Daraus ergibt sich für Sie: Bedenken Sie jede Ihrer Fragen sorgfältig. Vielleicht ist es Ihnen sogar möglich, Ihre Fragen so zu formulieren, daß mögliche Einwände bereits vorweggenommen werden: »Es gibt zwar eine Ansicht, die sagt, daß ... aber Sie werden mir sicher zustimmen, daß ...?« Begegnen Sie einem Fachkundigen und jeder ist eigentlich in etwas fachkundig, dann versuchen Sie, ihn nicht zu belehren. Fragen Sie so, als ob Sie Lehre von ihm annehmen wollten. »Liegen Ihre Erfahrungen auch in der Richtung ...?« »Können Sie als Spezialist die Anschauung ... bestätigen?«

Operieren mit geistiger Beweglichkeit

Haben Sie schon gesehen, wie viele Menschen beim Telefonieren mit Gegenständen spielen? Ist Ihnen schon aufgefallen, wie viele andere scheinbar sinnlose oder nervöse Bewegungen vollziehen, wenn Sie mit Ihnen sprechen? Oft handelt es sich um sehr aktive, vitale Menschen, die ihren Bewegungsdrang bremsen müssen. Überlegen Sie, ob sich das nicht ausnutzen läßt. Geben Sie mit Ihren

Fragen ein Muster in die Hand oder bitten Sie, Ihnen etwas zu skizzieren. Versuchen Sie also, den Gesprächspartner zu Aktivitäten zu führen. Oft genügt schon eine Bitte, um eine detaillierte Beschreibung. Was tun, wenn man merkt, daß der andere keine Zeit hat? Dann gilt es besonders, sich kurz zu fassen oder sich einen anderen Termin geben zu lassen. Was aber tun, wenn Sie dem anderen offensichtlich unsympathisch sind. Dann heißt es halt, sich hart auf Fakten zu beschränken und streng darauf zu achten, daß es wenig Ansatzpunkte gibt, an denen Ihnen widersprochen werden kann. Und noch ein besonderer Rat:

Es ist zwar nur selten nötig, sich Fragen in ihrem genauen Wortlaut vor dem Gespräch auswendig zu lernen. Es ist jedoch immer gut, zum gleichen Komplex, in seiner Vorbereitung verschieden lautende Fragen denkend zu durchspielen. Mit der Zahl der Nuancierungen wächst auch Ihre geistige Beweglichkeit, gewinnen Sie einen Erfahrungsschatz, aus dem Sie in der Gesprächssituation schnell und sicher schöpfen können.

Denkvorgänge werden sprachlich vollzogen

Probleme in Worte zu fassen, ist Denkarbeit. Je mehr Schwierigkeiten es dabei gibt, desto eindrucksvoller erlebt man selbst, wie mühselig es ist, die Lösung zu finden. Es gilt natürlich nicht nur für Fragen, aber sehr oft ist es mit solchen verbunden, daß jede Art von Denkarbeit mit Sprachformulierungen einhergeht. Zwar läßt sich im abstrakten Raum des Denkens auch mit Bildvorstellungen operieren, also in Bildern denken, doch sowie es einem anderen mitzuteilen oder für die Zukunft aufzubewahren (niederzuschreiben oder auf Band zu sprechen) ist, bedarf es wieder sprachlicher Formulierung. Es gibt wenige Abweichungen, dann z. B. wenn in einem Bild, etwa einer technischen Zeichnung, wirklich alle Informationen codiert sind. Bleiben wir schon dabei; hauptsächlich gehen Denkvorgänge mit sprachlichen Formulierungen einher, wobei es keine Rolle spielt, ob die Sprache gelautet wird oder nur im Geist zu hören oder zu sehen ist. Deshalb der Rat, sich um verschiedene

Wortlaute, voneinander abweichende Formulierungen zu bemühen.

Es heißt immer, daß nur der gute Fragen stellen kann, der zuvor ein Thema richtig durchdachte. Das ist nicht ganz richtig, weil das vorherige Bedenken ja z. T. auch in Form von Fragen, die sich der Denker zurechtlegt, vollzogen wird.

Wenn Ihnen die richtigen Fragen nicht »einfallen«, so werden Sie sich zu fragen haben, woran es liegt. Hier eine einfache Antwort: Weil Sie möglicherweise Ihr Thema nicht ausreichend beherrschen. Was aber heißt beherrschen anders, als es gründlich genug durchdacht zu haben? Werden dabei Lücken bewußt, dann gilt es, die fehlenden Informationen nachzuholen. Auch dabei hilft dann wieder die Fragetechnik, z. B. jene mit den W-Fragen. Sorgen Sie nach Vorausgesagtem für solide Basiskenntnisse.

Suchen Sie vor allem nach möglichst vielen Beweisen für alles, was Sie erlernen, umso leichter fällt es Ihnen hernach, weitere Fragen zu entwickeln. Reden wir von Beweisen, so müssen auch Gegengründe in die Überlegungen einbezogen werden. So lange es deren zu viele gibt, ist Ihre Beweisführung mangelhaft.

Über den Partner informieren

Gute Verkaufsberater (Vertreter will keiner mehr so gern hören) sind Meister des Fragens. Es gehört sozusagen zu ihrem Handwerkszeug, über die Kunden und zu Besuchenden gut informiert zu sein. Manche haben sehr gut aufgebaute und ständig auf dem laufenden gehaltene Kundenkarteien. Darin finden sich, bis in das Persönliche hinein, genaue Angaben. Es kann auch für Sie nur von Vorteil sein, wenn Sie versuchen, sich über die Eigenarten derer zu informieren, an die Sie Fragen zu richten gedenken. Kommen Sie vorher nicht an solche Hinweise, dann ist es besonders wichtig, während des Gesprächs auch darauf zu achten, wes Geistes Kind der andere ist und solche Beobachtungen dann unmittelbar zu nützen oder für die Vorbereitung auf spätere Gesprächssituationen zu merken.

Kennen Sie erst einmal Neigungen, Interessen, Wünsche und

Steckenpferde des anderen, aber auch seine Abneigungen und Aversionen, dann sollte es nicht mehr so schwer sein, sich auf ihn positiv einzustellen.

Laufend um Antworten bemühen

Fragen, die Aufmerksamkeit wecken sollen, verlangen, daß der Fragende selbst aufmerksam ist. Es wäre ein schlechtes Gespräch, wenn der eine hellwach ist, der andere halb schläft. Das hat auch hauptsächlich etwas mit der guten Vorbereitung zu tun. Sicher gibt es auch den anderen Fall, der Befragte ist in Kampfstimmung. Gibt es da noch die Frage nach dem Wert der guten Vorarbeit?

Seien Sie wachsam, wenn ein Befragter Ihre Fragen regelrecht sammelt, wenn er Sie vertröstet auf spätere Ausführungen. Versuchen Sie laufend Zwischenantworten zu bekommen, die Ihnen zeigen, daß der andere Ihren Gedankenwegen folgt. Beim Sammeln kann es geschehen, daß dann, wenn Sie ermüden oder mit Ihrem Latein am Ende sind, eine pauschalierte Ablehnung kommt. Hier haben Sie überdies einen dialektischen Trick, wenn Sie selbst in der Situation des Befragten sind. So, wie Sie versuchen, die Antworten so zu erhalten, daß Sie am besten vorankommen, wird mancher Befragte ebenso bemüht sein, die beste, d. h. für ihn günstigste Antwortzeit zu bestimmen.

Gilt für die Formulierung der Fragen das Gebot der Kürze, so sollte es ebenso auf die Antworten angewendet werden. Achten Sie in wortreichen Antworten auf den Gehalt. Wird mit vielen Worten nur wenig gesagt, dann versuchen Sie, kurz zusammenzufassen oder bitten Sie den Befragten, den Kerngehalt seiner Aussage kurz zu wiederholen. Antworten Sie auf Fragen und Gegenfragen ebenso möglichst kurz und präzise und hängen Sie einer Ihnen abgenötigten Antwort sogleich wieder eine Frage an, die die von Ihnen vorabbestimmte Richtung weiter verfolgt. Verlangten wir vom Frager ein gerüttelt Maß an Problemkenntnis, so sollte es beim Befragten auch vorhanden sein. Ist es das nicht, so muß ja schon wieder mit der ganzen Fragenformuliererei tiefer angesetzt werden. Bestehen Sie, wenn die Situation es zuläßt, auch darauf, daß sich Ihnen ein sachkundiger Gesprächspartner stellt.

Um noch ein Wort zur unfairen Dialektik zu sagen: Bemerken Sie, daß Ihr Gesprächspartner sich ihrer bedienen will, so sagen Sie ihm auf die feine Art, daß Sie sehr wohl auch Kenntnisse darin besitzen, es aber wohl würdiger wäre, wenn Sie beide keinen Gebrauch von diesen Kniffen machen.

Wie mancher sich um Antworten drücken will

Zu den unfairen Taktiken gehört es u. a., auf etwas zu antworten, was gar nicht gefragt wurde. Achten Sie im Fernsehen einmal darauf, Sie werden sehen, daß die meisten Politiker diesen Trick außergewöhnlich gut beherrschen. Sie wissen ja, was dann zu tun ist: Frage in anderer Formulierung wiederholen.

Mancher Befragte will Zeit gewinnen und bittet dann, die Frage möglicherweise ausführlicher zu wiederholen. Legen Sie dann das Wort »ausführlich« in Ihrem Sinne aus. Wiederholen Sie die Frage nach Möglichkeit noch präziser, aber wieder in anderen Worten als beim ersten Male. Und noch so ein leicht durchschaubarer Trick:

Gegenfragen begegnen

Weisen Sie Gegenfragen höflich aber bestimmt ab, oder setzen Sie sie an eine Ihnen genehme Stelle: »Sicher ist auch Ihre Frage interessant und sorgfältig zu beantworten, zunächst aber wollen wir auf die vorrangige Frage (Ihre zuvorgenannte) eine Antwort suchen. Schiebt einer Zeitmangel oder gar Zeitnot vor, um eine Frage zu übergehen und um zu (für ihn) wichtigeren Tagungspunkten überzugehen, folgen Sie ihm ruhig, doch bleiben Sie wach. Kommen Sie im nächsten oder übernächsten Satz auf Ihr Anliegen zurück. Bedenken Sie auch folgendes: Wenn jemand zu oft nicht antworten will oder einen der vorgenannten Tricks einsetzt, sich gar durch Mätzchen der Antworten zu entziehen sucht, so weist er damit auch auf die eigene Unwissenheit hin. Mitunter kann schon ein dezenter Hinweis in diese Richtung solch scheinbare Unkenntnis hinwegblasen.

Fakten müssen nachprüfbar sein

Achten Sie bei Antworten darauf, daß die Ihnen damit gegebenen Werte stimmen bzw. überprüft werden können. Mitunter genügen einige gezielte Fragen, um die Werte zu untermauern oder zu erkennen, daß da jemand mit unsicheren Daten operiert. Sagen Sie dem Antwortenden auch in solchen Fällen, auf welche Weise Sie die Angaben kontrollieren werden, vielleicht ist er dann von vornherein sorgfältiger mit seinen Angaben. Im anderen Falle könnten sonst Angaben mehr Angeberei sein als Gaben (Informationsgaben). Mitunter sind zu hastige Antworten in dieser Richtung verdächtig.

Nicht jeder muß zu allem Ja und Amen sagen. Sie müssen immer auch ein Nein! in Kauf nehmen. Besser ist es allerdings, daß das harte Nein! weitgehend vermieden wird. Ein zu hartes Nein kann wie eine Blockade für das weitere Gespräch sein. In der Hoffnung, daß Sie es dann vergessen mögen, werden Sie gebeten, Ihre Frage noch etwas zurückzustellen. Kommen Sie der Bitte nach, erinnern Sie in den nächsten Minuten einige Male an die ausstehende Antwort und stellen Sie Ihre Frage möglichst im Anschluß an eine andere, die der Befragte zu Ihren Gunsten beantworten mußte.

Stellt sich jemand spürbar dumm, und behauptet, daß er Ihre Frage nicht verstanden habe, und eine erklärende Formulierung mit erneuter Frage (in anderen Worten) bringt auch noch nicht die gewünschte Antwort, dann behelfen Sie sich mit einer Suggestivfrage, innerhalb derer Sie die Antwort vorgeben: »Ich nehme an, daß wir beide die Dinge folgendermaßen sehen . . .?« Jetzt muß der andere Ihnen zustimmen oder endlich Ihre Frage beantworten.

Sie können, bei zögernden Antworten, auch eine anerkannte Persönlichkeit oder Aussagen in einer qualifizierten Publikation zum Zeugen anrufen. »Sie sind sicher der Meinung, wie sie im Fachblatt ... umrissen wurde, nämlich daß ...?« »Professor Werner hat vor einigen Tagen auf dem Symposion ... gesagt ... wir dürfen wohl diese Anschauung hier zugrunde legen?«

Verzichte können auch Vorteile bringen

Will eine Antwort im gewünschten Sinne gar nicht kommen, so stellen Sie sie einfach zunächst als eine Möglichkeit unter anderen hin: »Natürlich kann man die Dinge verschieden sehen, denkbar wäre z. B. diese Anschauung ... was meinen Sie?« Später führen Sie dann den Befragten durch Argumentation systematisch auf Ihre Ansicht / Möglichkeit zu. Lassen Sie sich auch nicht abspeisen, wenn ein Befragter sagt, daß Ihre Frage doch unwichtig sei. Ihr Konter: »Dann können wir sie ja ohne Schwierigkeiten sofort beantworten und danach zu den Ihnen wichtigen Dingen übergehen!«

Für einen Fragenden kann es dialektisch sehr brauchbar sein, die letzte Aussage des Befragten aufzugreifen und daraus eine Frage abzuleiten. Auch das Wiederholen einer zufriedenstellenden Antwort mit motivierender Bestätigung, indem man auf die einheitliche Meinung hinweist, vermag weiteren Fragen die Tür zu öffnen. Fragen Sie auch immer sich selbst, ob bestimmte Fragen überhaupt gestellt werden müssen. Vielleicht kann ein kleiner Verzicht auf einen geringen momentanen Vorteil im späteren Gespräch einen größeren Nutzen einhandeln. Und immer wieder: weisen Sie auf Vorteile für den Befragten hin. Stellen sie heraus, wenn Sie (in untergeordneten Punkten) nachgaben, weisen Sie auf den Nutzen für den anderen hin, so daß er Ihnen gewissermaßen etwas schuldet: Antworten auf Ihre Fragen, wenn es um wichtige Punkte geht.

Verbotene Fragen

Die Weisen des Altertums machten sich mitunter einen Spaß daraus, Fragen zu erdenken, die den Befragten in arge Bedrängnis brachten, die er vielleicht überhaupt nicht beantworten konnte. Eines dieser klassischen Beispiele: »Hast Du endlich aufgehört zu lügen?« Ob nun der Befragte Ja! oder Nein! sagt, in jedem Fall gibt er zu, bisher gelogen zu haben. Da hört der Spaß dann auf. Der Lügner wird nicht zugeben, daß er log. – Der Befragte, welcher zuvor wahr sprach, kann die Frage nur abweisen: »Ich lüge nicht!« – »Die Frage ist unzulässig!« Ähnlich dick aufgetragen und sofort durchschaubar: »Betrügst Du Deine Frau immer noch?« Wir lassen mal den Fall beiseite, in welchem, gleiche Brüder – gleiche Kappen, ein paar Schwachsinnige auf diese Weise mit ihren Fehltritten prahlen. Mit solchen Fragen herausfinden zu wollen, ob der andere seine Frau hintergeht, ist unfaire Dialektik.

Getarnte Fallstricke

Leider sind verbotene Fragen nicht immer so gut zu erkennen, wie in obigen Beispielen. Im Gegenteil, die Fallstricke, die da einer spannte, sind meist gut getarnt. So kommt der Befragte nur zu leicht ins Stolpern, vielleicht schon dann, wenn er mit der Antwort zögert.

Die Frage des, den Zeugen eines Verkehrsunfalls vernehmenden Polizisten: »Stand die Ampel auf Gelb oder Rot?« kann schon zu den unerlaubten gehören. Die Ampel könnte ja auch auf Grün gestanden oder ganz ausgefallen sein. Die korrekte, erlaubte Frage lautet so: »Wie stand die Verkehrsampel?« Vielleicht auch so: »War die Verkehrsampel in Betrieb?« (und dann erst weiter: »... was zeigte sie an?«). So bleibt dem Befragten neben dem Ja! oder Nein! immer noch die Möglichkeit »Ich weiß es nicht!« zu sagen.

Fragen tiefer ansetzen

Fragen, die auf vorgegebene Antworten zugeschnitten sind, haben Suggestivwirkung. Sie können gelegentlich in Prüfungen unentbehrlich sein. Im sogenannten »multiple-choice-Verfahren« setzt man sie, zwecks Objektivierung der Prüfung, gern ein:

»Befindet sich die Abbildung des Holstentores auf dem 20-Mark-Schein oder auf dem 50- Mark-Schein?«

Schon die Frage: »... auf dem 10-Mark-Schein oder auf dem 20-Mark-Schein?« ist verboten bzw. erfordert korrekterweise den Zusatz: »... oder auf keinem von beiden?«, damit eine dritte Auswahlmöglichkeit gegeben ist. Besser ist es aber, gleich zu fragen: »Auf welchem Geldschein befindet sich die Abbildung des Holstentores?«

Achten Sie auf unerlaubte Fragen, und hüten Sie sich selbst davor, sie zu stellen. Noch ein Beispiel: Kollege Müller will sich von Ihnen etwas Geld leihen. Er erwähnt, daß der unterdessen verzogene Kollege Schmidt ihm früher auch schon geholfen habe und der Lehmann es bezeugen könne, wie pünktlich das Geld zurückgegeben wurde. Sie vertrösten Müller, um erst mal bei Lehmann nachzuhören. Nun fragen Sie also Lehmann: »Hat der Schmidt dem Müller schon mal 50 oder 100 Mark geliehen und pünktlich zurückerhalten?« Das ist unerlaubt. Nehmen wir an, Lehmann weiß nur etwas von 10 geliehenen Mark, dann kann er Ihre Frage gar nicht beantworten. Sie kann so nicht gestellt werden. Sie müssen tiefer ansetzen und unterteilen: »Weißt Du, ob der Schmidt dem Müller früher mal Geld geliehen hat?« Und dann weiter: »Weißt Du auch wieviel?« »Zahlte er es dann pünktlich zurück?«

Zusammengefaßte Fragen

Unerlaubt ist es auch, mehrere Dinge in eine Frage zusammenzufassen, wenn auf die einzelnen unterschiedliche Antworten möglich sind. Fragt ein erboster Geschäftsmann seinen Mitbewerber: »Halten Sie es für anständig und geschäftstüchtig, die Preise derart zu unterbieten?«, dann kann schon sein, daß es der nicht für anständig hält, sich aber gerade aus vermeintlicher Geschäftstüchtigkeit über dererlei Skrupel hinwegsetzt. Selbst die scheinbar unverfängliche Frage: »Ist der Balken dick und stabil?« gehört in die Kategorie der unerlaubten. Ein dicker Balken kann hohl, morsch sein und ist dann durchaus nicht stabil. Machen Sie sich selbst einen Vers auf Fragen wie: »Gehen wir heute abend gemeinsam essen und hernach zu mir nach Haus?« Vielleicht ist ein so befragtes Mädchen zu beidem bereit. Streng genommen ist die Frage nicht erlaubt, denn sie läßt mehrere Antworten zu. Z. B. will das Mädchen weder das eine noch das andere, oder sie würde gern die Einladung zum Essen annehmen aber nicht mehr; vielleicht will sie, ihrer Diät wegen, nicht zum Essen, aber ...

Halten Sie fest: Fragen, welche mehrere unterschiedliche Antworten zulassen, sind unerlaubt und müssen auseinandergezogen werden. Juristen achten bei Vernehmungen streng auf diesen Grundsatz.

Das Wichtigste zu 8. in Merksätzen

- Fragen vorbereiten, heißt, Gedankenarbeit investieren.
- Dem Befragten angemessene Zeit für die Antworten lassen.
- Fragen verständlich und kurz fassen.
- Mit den Fragen auf die Interessen des Befragten eingehen.
- Als Fragender sich bemühen, unaufdringlich zu wirken.
- Nichtantworten sind Zeichen für falsches Frageverhalten.
- Es erfordert viel Diplomatie, um bei fehlenden oder unwahren Antworten doch noch zu seinen Informationen zu kommen.
- Vermeiden Sie die Tricks unfairer Dialektik – außerdem kennen viele andere sie auch.
- Vermeiden Sie es, mit Fragen belehrend zu wirken.
- Denkvorgänge sind an Sprechvorgänge gekoppelt, bedenken Sie gründlich Ihre Fragenformulierungen.
- Versuchen Sie es, sich vorab über den zu Befragenden gut zu informieren.
- Achten Sie auf die Tricks, mit denen sich mancher um Antworten drücken will.
- Weisen Sie Gegenfragen ab und gehen Sie so vor, daß Sie wenig Nein-Antworten bekommen.

- Fragen Sie sich selbst, auf welche Frage Sie besser verzichten.
- Kleine Verzichte können oft große Vorteile bringen.
- Stellen Sie keine verbotenen Fragen (auf die zu antworten sich der Befragte bloßstellen würde).
- Weisen Sie selbst als Befragter unerlaubte Fragen von sich.
- Bei vorgegebenen Antworten muß die korrekte dabei sein.
- Setzen Sie Fragen so tief an, daß die Antwort gegeben werden kann.
- Es ist unerlaubt, mehreres in eine Frage zusammenzufassen, wenn verschiedene Einzelantworten möglich sind.

9

9. Spielerisches Fragen – Fragenspiele

Nachdem sich herausstellte, daß die Bezeichnung Homo sapiens wegen weitverbreiteter Unvernunft nicht so treffend ist und auch Homo faber (der schaffende Mensch) heute mehr und mehr durch Schaffensunlust in Frage gestellt ist, kamen kluge Forscher auf den Titel Homo ludens, der spielende Mensch. Das scheint nun recht gut zu treffen, denn seit jeher spielte der Mensch recht gern. Die kometenhaft aufgestiegene Hobbyindustrie bestätigt diese Aussage. Überdies sagte schon Schiller zu einer Zeit, als der Homo sapiens noch auf dem Denkmalsockel stand, daß hoher Ernst oft im kindschen Spiel liege. Also sind wir hinreichend legitimiert, hier ein Kapitel über Fragenspiele aufzunehmen. Außerdem besteht die Hoffnung, daß anderen, denen Sie vielleicht auch mit Fragetechniken helfen wollen, daß sie vorwärts kommen (Ihre Kinder z. B.), hier den Zugang zu unseren Gedanken finden.

Spielen Sie mal »Fragen«

Das, was sich der Mensch spielerisch aneignet, wirkt laufend weiter motivierend und scheint kaum Mühe zu machen. Gibt es aber

Mühe, so wird sie als wertvolles sportliches Training empfunden. Spiel ist Freiheit, etwas, das gern und freiwillig auf sich genommen wird. Schon die von einer Autorität (es beginnt im Kindergarten) angeordneten Spiele werden von den Betroffenen nicht mehr als Spiel anerkannt. So ist ja auch der Sport heim Militär »Dienst«, der, den ein Mensch freiwillig auf sich nimmt, hingegen Spiel. Sie können auch beobachten, daß das Kind aus seiner Fragerei mitunter ein rechtes Spiel macht. Leider empfindet es dann der »Spielpartner« gar nicht mehr so.

Spielen Sie auch ab und zu mal »Fragen« und ein Gewinn kann nicht ausbleiben.

Das Lexikon-Frage-Spiel

Dieses Spiel fand ich rein zufällig bei der Suche nach der Erklärung eines Begriffes im Lexikon. Von einem Stichwort zum anderen verwiesen, geriet ich auf gedankliche Nebenwege und kam immer mehr vom ursprünglichen Hauptweg ab. Ich las eine Reihe hochinteressanter Dinge und stellte nach etwa einer Stunde fest, daß ich meine ursprüngliche Absicht ganz vergessen hatte.

Eine Stunde spielte ich sozusagen mit verschiedenem Wissen und fand daran viel Vergnügen. Damit ist das Spiel fast schon beschrieben. Wenn Sie etwas Zeit haben oder sie sich nehmen, es muß nicht eine Stunde sein, kann jedoch auch viel länger dauern, dann gehen Sie so vor, um das Spiel zu spielen:

Schlagen Sie das Lexikon auf. Entweder willkürlich an beliebiger Stelle oder bei einem Begriff, den Sie sich zuvor erwählten. Lesen Sie die dem Stichwort Ihrer Wahl zugehörige Erklärung und achten Sie auf Hinweise zu anderen Stichwörtern. Gehen Sie zu diesen und von dort aus, weiteren Hinweisen folgend, zu weiteren. Mitunter werden Sie zum Ausgangspunkt zurückgeführt, mitunter kommen Sie immer weiter in fremde Wissensgebiete hinein. Bringen Sie, wenn eine Stockung droht, selbst neue Fragen mit »in das Spiel« und springen Sie derart im Lexikon hin und her.

Beispiel:
Sie starteten bei dem Wort »Mäeutik«. Dort finden Sie Hinweise auf andere Stichwörter: »Erotematik« – »Hebammenkunst« – »Sokrates«. Nun haben Sie die Wahl unter drei verschiedenen Wegen:

1. »Erotematik« – Sie kommen zu »Fragesatz« von dort zu »Fragekunst« und von dieser zu »Katechetik« (oder wahlweise »Pädagogik«) und zu »Cyrillis« ...
2. »Hebammenkunst« – »Hebamme« – »Geburt« – »Schwangerschaft« ...
3. »Sokrates« – Hier finden Sie schon eine Fülle von Stichwörtern. Z. B. »Kriton« – »Alkibiades« – »Kritias« – »Platon« – »Phänarete« – »Sophroniskos«

Sie werden z. B. über »Platon« wieder eine große Auswahl von weiteren Stichwörtern finden.

Schon die alten Germanen

Nachdem in unserem ganzen Buch immer wieder von den alten Griechen die Rede ist, lassen Sie uns doch auch mal zu den alten Germanen schauen. Schon die Edda weiß über Fragekämpfe zu berichten. Wenn auch solche Spiele mit dem Leben eigentlich recht hohe Einsätze hatten, so ist doch der Spielcharakter (Glücksspiel) unverkennbar. Und was werden da so für Fragen gestellt? Beispielsweise solche: »Woher kommt der Wind?« Merken Sie was, da spielen doch unsere Kinder heute noch »Alte Germanen«.

Machen Sie doch auch wieder aus dem Fragen ein Spiel, eine zugleich neue und uralte Art von Gesellschaftsspiel.

Vielleicht kennen Sie noch dieses Spiel: In einer Runde von Spielenden denkt einer an eine namhafte Persönlichkeit, welche die anderen erraten sollen. Zur sicheren Kontrolle kann der Name des zu Erratenden auf einen Zettel geschrieben und verdeckt in die Mitte des Kreises oder auf den Tisch, um den man sitzt, gelegt werden. Nun wird der, der sich die Persönlichkeit ausdachte, in ein

Verhör genommen. Reihum gehen die Fragen. Z. B.: Ist es ein Künstler (Politiker — Sportler — Wissenschaftler)? Die Frage kann auch lauten: »Welchen Beruf hat er?« Das Spiel ist in mehreren Varianten spielbar. In der einen sind alle Fragen zugelassen, in einer anderen nur solche, die mit Ja oder Nein beantwortet werden können. Es läßt sich sogar eine Art »Messung« einsetzen, indem die Zahl der benötigten Fragen etwas über die Klugheit der Ratenden aussagt.

Fragenspiel zum Training des Namensgedächtnisses

Schon im Märchen gibt es Mittel der Frage bzw. der Antwort, durch die sich wer von einer Verpflichtung loskaufen kann. So mußte die Königin den Namen »Rumpelstilzchen« erraten, um ihr Kind behalten zu dürfen. Es gelang ihr denn auch, wenngleich nicht ohne gewisse unfaire Hilfe. Was halten Sie denn davon, wenn Sie mithilfe eines Ratespieles Ihrem Namensgedächtnichs etwas auf die Sprünge helfen! So ließe es sich durchführen: Jeder Mitspieler denkt sich einen Namen aus (notfalls nimmt er den Namen seiner Schwiegermutter). Jeder stellt einem anderen so viele Fragen, bis er den Namen weiß. So geht es reihum, bis alle Namen erraten sind. Natürlich lernen die Spieler, die gerade nicht an der Reihe sind, durch Fragen und Antworten der anderen gleich mit. Sieger ist, wer als erster beweisen kann, daß er alle Namen auswendig weiß. Es kann also der, der so weit ist, das Spiel durch Handzeichen unterbrechen und die Namen nennen. Begeht er dabei Fehler, so scheidet er aus.

Die Fragen können auf verschiedene Weise gestellt werden. Z. B. wird nach den Buchstaben gefragt (Mit welchem Buchstaben beginnt der Name, wie lautet der zweite Buchstabe ...). Es kann auch gefragt werden: Ist der Name ein Beruf (Müller), eine Eigenschaft (Schlimm), eine Tätigkeit (Esser), mit dem einer Persönlichkeit identisch (Schweitzer)?

Der Spaß des Spieles beruht zum Teil auch darauf, geschickte Fragen zu entwickeln.

Noch eine besondere Variante: Dazu brauchen Sie eine für alle sichtbare Tafel oder ein Flip-chart, oft tut es ein großer Bogen Papier, der auf den Tisch gelegt wird. Die Schreibfläche wird in so viele Spalten geteilt, wie der längste Name Buchstaben hat. Sie erhält so viele Zeilen, wie Namen zu erraten sind:

	1	2	3	4	5	6	7	8	9	10	11	12
Name												
Name												
Name												
Name												

Der erste Spieler nennt einen Buchstaben. Jeder muß nun sagen, an welcher Stelle der Buchstabe in seinem Namen auftaucht. Das wird in die zugehörigen Felder auf Tafel oder Bogen eingetragen. Kommt ein Buchstabe in einem Namen nicht vor, so ist dieser Spieler an der Reihe zu fragen. Wer die meisten Namen auf diese Weise herausfragt, gewinnt.

Geographie-Fragespiel

Jeder Spieler hat eine Landkarte vor sich (Kopie der gleichen Atlasseite oder eine der bekannten Autokarten). Die Karte sollte auf einem Stück dickerer, weicher Pappe liegen. Außerdem erhält jeder Spieler 10 Stecknadeln, am besten solche, die ein farbiges Köpfchen haben. Der erste Spieler nennt einen Ortsnamen oder einen anderen geographischen Begriff: Wer findet Neuburg? Die Mitspieler müssen in einer vorgegebenen Zeit, z. B. innerhalb von 10 Sekunden, den Ort auf ihrer Karte mit der Nadel markieren. Der nächste Spieler stellt seine Frage, mit der er den nächsten auf der Karte zu findenden Begriff suchen läßt. Wer innerhalb der vorgegebenen Zeit die Stelle nicht findet, muß eine Nadel abgeben, in einen Behälter auf Tischmitte legen. Wenn 10 Fragen gestellt sind, wird geprüft. Wer die meisten Nadeln gesteckt hat, ist Sieger. Auch bei diesem Spiel gibt es Varianten: Es werden die Verbindungspunkte einer zu nennenden Strecke markiert (Autobahn von Olpe bis Gießen) oder: stecken Sie innerhalb von 1 Minute alle Orte ab, die mit einem »B« beginnen.

Auch hier, wie bei allen Spielen, ist es vielleicht besonders reizvoll, sich neue Varianten auszudenken und auch darin seine Kreativität ein wenig zu trainieren. Warum soll es immer und einzig bei althergebrachten Spielregeln bleiben?

Frage- und Beobachtungsspiel

Ein Fragespiel, das von dem bekannten: »Ich sehe was, das Du nicht siehst!« abgeleitet ist, schärft die Beobachtungsgenauigkeit.

Der Spielleiter (Rolle wechselt im Laufe des Spieles) fordert die Mitspieler auf, alle Gegenstände im Zimmer oder in der Sichtnähe zu nennen, die von roter Farbe sind. Ebenso kann die Frage auch nach dem Anfangsbuchstaben der aufzuzählenden Dinge gehen. Dieses Spiel kann, einem bekannten Fernsehquiz folgend, nach »Dalli-Dalli-Manier« gespielt werden, dann wird die Zeit begrenzt, in welcher die Gegenstände aufzuzählen sind. Es kann auch in Parteien, die sich wechselseitig die Aufgaben stellen, gespielt werden, dann gewinnt die Partei, die in Gemeinschaftsarbeit die meisten Begriffe fand.

Ebenso, wie die Farben oder die Anfangsbuchstaben im Mittelpunkt der Fragen stehen, können sich die Fragen auch auf andere Merkmale ausrichten: Welche Dinge sind aus Holz, Glas, Metall, Kunststoff? Welche Gegenstände weisen Rundungen auf, sind eckig, symmetrisch, mehrfarbig?

Bei einer Variante des Spieles setzt man detailreiche Farbfotos oder Bilder ein. Dann darf das Bild zunächst eine Minute lang betrachtet werden. Anschließend wird es verdeckt und die Fragen werden gestellt.

Was weiß ich?

In Fortsetzung des vorgenannten Spieles richten sich Fragen auf Wissen und Kenntnisse. Hierbei sollte jedoch darauf geachtet werden, daß etwa alle Spieler gleiche Kenntnisse vom Fragengegenstand haben, damit sich niemand gedrückt fühlt. Die Fragen, die dann gestellt werden, lauten dann etwa so: Welche deutschen Volkslieder sind Dir bekannt?

(Antwortzeit wird wieder begrenzt)

Welche namhaften Persönlichkeiten lebten im vorigen Jahrhundert? Welche Gewürze stehen in Deinem Schrank – oder könnten dort stehen?

Welche Operetten kennst Du (oder spezieller: ... schrieb Lehár)?

Welche Blumen wachsen in Park und Garten?

Welche Raubtiere leben in Afrika?

Für derartige Spiele gibt es ganze Quizbücher im Handel. Es ist ebensogut möglich, sich aus dem Kreuzworträtsel-Magazin oder -Lexikon Anregungen zu holen.

Wie lautet das Zitat?

Ein Fragespiel, das sich nicht unbedingt nur auf Zitate beschränken muß, sondern auch Gedicht- und Liederanfänge einbeziehen kann, geht so vor sich:

Ein Spieler sagt die Hälfte eines Zitates: »Jung gewohnt ...« Der andere muß ergänzen »... ist alt getan« Wer geraten hat, nennt die nächste Zitathälfte.

Eine sehr amüsante Abwandlung besteht darin, möglichst komische andere Endungen zu finden oder mit der Hälfte eines anderen Zitates zu antworten. Das ergibt mitunter herrlichen Blödsinn, kann aber die ganze Spielrunde erheblich auflockern:

»Eigener Herd ... ist aller Laster Anfang!«

»Mit dem Hute in der Hand ... wird's bei Regen schon riskant!«

In wiederum weiterer Abwandlung wird die Frage umständlich

verklausuliert: »Wer muß wodurch kommen, weil kein anderer Weg wohin führt?« Antwort: »Durch diese hohle Gasse muß er kommen, es führt kein anderer Weg nach Küßnacht!«

Frage: »Wer lernt was wann nicht mehr?« Antwort: »Was Hänschen nicht lernt, lernt Hans nimmermehr!«

Oder einfacher: »Wo ist starker Schatten?« Antwort: »Wo viel Licht ist!« »Welches Werkzeug im Haus erspart welchen Handwerker?« »Die Axt im Haus erspart den Zimmermann!«

Buchstaben festlegen

Dieses Fragespiel ist Ihnen in seiner einfachen Form gewiß unter dem Namen »Land – Stadt – Fluß – Tier – Pflanze« bekannt. Dabei geht es darum, möglichst viele Begriffe zu nennen, die immer mit dem gleichen Buchstaben beginnen. Entweder legt man die Zeit für die Antworten fest, dann gewinnt der Spieler, der die meisten Begriffe in der vorgegebenen Zeit nennt – oder, die Spieler nennen abwechselnd je einen Begriff, bis einer nichts mehr weiß und somit der andere gewann. Z. B. Tiere mit A: Affe – Ameisenbär – Adler – Ameise – Auerochse – Alk – Amsel – Aal ...

Nunmehr zu einer etwas anspruchsvolleren Form dieses Spieles: Es wird mitunter auch Verhörspiel genannt, weil einer der Mitspieler einem anderen in schneller Folge eine Reihe von Fragen zu stellen hat, die einem Verhör gleichkommen. Der Befragte muß nun wieder all seine Antworten mit dem gleichen Buchstaben beginnen.

Beispiel: Der Antwortbuchstabe sei das »B«.

Fragen:	*Antworten:*
Wo willst Du hin?	Bremen
Was willst Du dort?	Baseball spielen
Aus welchem Grund	Bezirksmeisterschaften
Wer fährt mit?	Bernd, Bodo, Balduin
Was macht Ihr in der Freizeit?	Besichtigungen
Wer bezahlt das?	Ball-Verein
Ist es teuer?	bestimmt!
Wie lange wird es dauern?	....

Das Spiel ist zu Ende, wenn der Befragte keine Antwort mit dem festgelegten Buchstaben geben kann. Es kommt dabei auf die geschickte Frage an, so daß es also schwer wird, immer eine Antwort zu finden.

Quiz im privaten Rahmen

Von den bis hierher genannten Fragespielen zu jenen, die wir aus dem Fernsehen kennen, ist es nicht mehr weit. Die Fernsehquizmeister andererseits holen sich so manche Anregung aus den Gesellschaftsspielen, wie sie auf den Partys (die damals nur noch nicht so hießen) unserer Urgroßeltern zur Unterhaltung dienten. Besteht die Gefahr, daß die Gruppe sehr unterschiedlich zusammengesetzt ist, Teilnehmer mit geringeren Kenntnissen darunter sind, so sollte auf jeden Fall in Mannschaften gespielt werden, denn es kann nicht der Sinn eines Spieles sein, Teilnehmer bloßzustellen. Innerhalb eines solchen Quizabends können all die vorgenannten Spiele miteingesetzt werden. Es eignet sich letztlich alles, was sich abfragen läßt. Am besten wird es sein, wenn ein »Spielleiter« die Runde vorbereitet und dabei auf die Teilnehmerschaft eingeht, d. h. den Schwierigkeitsgrad festlegt:

Ganz einfach:	Wer war Goethe?
Mittel:	Wo ist Goethe geboren?
Schwieriger:	Wann ist Goethe (genaues Datum) geboren?
Schwierig:	Welche Romane hat Goethe geschrieben?

Auch Scherzfragen sind erlaubt: Was sagt ein Bayer, wenn er ein Bild von Picasso sieht? Antwort: Somalia = So mal i a (für Norddeutsche ganz genau: So male ich auch).

Es gibt heute schon wieder Gesellschaftsabende (so nannte man Partys früher), in denen regelrechte Quizturniere ausgetragen werden und mitunter Gruppen gegeneinander antreten, die auch ihren Ehrgeiz darein legen, immer neue Fragespiele zu erfinden.

Kreativitäts-Ratespiel

Verschiedene Dinge, Gegenstände, Begriffe werden auf Zettel geschrieben. Beispielsweise teilt jeder Mitspieler einen DIN A 4-Bogen durch dreimaliges Falten und Zerschneiden in acht kleine Zettel und schreibt auf jeden einen Begriff. Wenn es nur wenige Mitspieler sind, kann jeder auch zwei oder drei Bogen nehmen. Die Zettel werden gemischt verdeckt auf den Tisch gelegt. Dann zieht der erste Mitspieler zwei Zettel und versucht, aus den beiden darauf geschriebenen Dingen etwas Neues zu schaffen.

Beispiel:

Auf einem Zettel steht »Buch«, auf den anderen »Brett«. Die Frage lautet dann: »Was läßt sich aus Buch und Brett schaffen?« Die Antwort ist leicht: Ein Bücherbrett. Nur wird es selten so leicht sein, daß sich etwas so Sinnfälliges sofort schaffen läßt. Lauten die Wörter z. B. Buch und Locher, so wird es manchem erst nach längerem Nachdenken einfallen, daß »Konfetti« eine sinnvolle Antwort gibt, weil man mit dem Locher aus dem Buch die Konfettiplättchen stanzen kann.

Ein geradezu kreativer Gedankensprung ist es jedoch, wenn jemand aus den Wörtern »Brett« und »Locher« nun eine Vorrichtung ableitet, mit der man Löcher in Bretter stanzen kann, um nicht bohren zu müssen.

Es kann den Spaß eines solchen Spieles durchaus erhöhen, auch mal einen Nonsens zu »erfinden«. Dann würde aus Buch und Brett ein Buch, dessen Seiten aus Brettern bestehen und nun nicht mehr so leicht einreißen können.

Gedächtnis-Fragespiel

Im Fernsehen nannte man das ähnliche Spiel »Am laufenden Band«. Die Frage dabei ist die, wie viele Beobachtungsgegenstände sich jemand merken kann. Dazu brauchen Sie ein leeres Heft oder einen Ordner mit leeren Seiten und einen alten Versandhauskatalog. Auf zwanzig bis dreißig Seiten des Heftes werden Abbildungen von Gegenständen, die aus dem Katalog geschnitten wurden, geklebt. Bei Verwendung eines Ordners mit losen Blättern können die Seiten immer wieder einmal vertauscht werden, wodurch die Bildreihe eine neue Ordnung erhält. Befindet sich ein Episkop in Griffnähe, lassen sich die Bilder auch auf eine Leinwand projizieren. Bei ganz gut ausgestatteten Spielern stehen Dia-positive mit den Bildern zur Verfügung. Bleiben wir bei der einfachen, für jedermann leicht erstellbaren Form mit den aufgeklebten Bildern. Durch langsames, aber doch stetiges Wenden der Seiten, werden in einem relativ kurzen Zeitraum den Mitspielern die abgebildeten Gegenstände kurz zur Sicht freigegeben. Im Anschluß daran muß jeder Spieler auf einem Zettel aufschreiben, was er sich merken konnte. Dabei wird die Zeit begrenzt, beispielsweise auf eine Minute. In einer Minute lassen sich dreißig Wörter recht gut zu Papier bringen — vorausgesetzt, man hat sie sich eingeprägt. Um dieses Einprägen ging es aber bei der Frage: Welche Dinge oder Gegenstände haben Sie gesehen? Und es ging, wie eingangs gesagt, um die Schulung der Konzentration und der Beobachtungsgabe und mit diesem beiden: des Gedächtnisses.

Was war da eben zu hören?

Eine Beobachtung für das Gehör, verbunden mit der Frage: Was hörten Sie soeben? geht so vor sich: Der Spielleiter befindet sich in einem Nebenraum oder hinter einer spanischen Wand und erzeugt Geräusche. Er läßt z. B. einen Löffel fallen, zum Unterschied von dem zu hörenden Geräusch, fällt dann eine Schere. Er zerreißt Papier oder zerknittert es. Er gießt Flüssigkeit in ein Glas. Er klopft oder kratzt auf verschiedenen Materialien herum oder schlägt sie aneinander, klimpert mit Geld usw.

Die Hörer müssen deuten, was sie da vernahmen. Auch dabei kann man wieder zunächst eine ganze Klangreihe hervorrufen und dann die Antworten geben lassen oder jedes Geräusch einzeln abfragen.

Ein Fragespiel von hohem Aufmerksamkeitswert

Zu diesem Spiel brauchen Sie 5 oder 6 Akteure und einen Rater, also mindestens 6 Mitspieler. Sind es mehr als 7, so gibt es mehrere Rater, die untereinander in Wettbewerb stehen.

Die Akteure haben jeweils einen Lesestoff vor sich. Man beginne mit einfachem Material, z. B. bekannten Volksmärchen, gehe dann zu den als bekannt anzunehmenden Gedichten und Balladen und schließlich (je nach Niveau der Gruppe) zu anspruchsvolleren Texten, die aber einen gewissen Bekanntheitsgrad haben müssen, z. B. Theaterstücken.

Jeder der Akteure liest nunmehr nacheinander einen Satz aus seinem Stück. D. h. Akteur Nr. 1 liest seinen ersten Satz, dann liest Nr. 2 seinen ersten Satz usw. Wenn die Reihe durch ist und der oder die Rater noch nicht wissen, um welche Texte es sich handelt, liest jeder Akteur den zweiten Satz usw., bis der Rater oder einer der Ratenden glaubt, alle Texte beim Namen nennen zu können. Dann reiht er sich unter die Akteure, die mit neuen Texten operieren, und einer der bisherigen Vorleser wird zum Ratenden.

Bei diesem Spiel kommt es sowohl auf das Wissen, also die Kenntnisse zu den Vorlesestücken an, als auch auf gute Assoziationsfähigkeit. Das gilt besonders dann, wenn die Sätze in den Vorlesestücken kurz sind.

In einer abgewandelten Form läßt sich dieses Spiel auch ohne großen Müheaufwand zu zweien spielen. Der Leser nimmt dann einen etwas längeren Text und liest nur etwa jeden 10. Satz (braucht nicht genau gezählt zu werden – es kann auch jede 10. Zeile sein). Hat nach dem Durchgang durch den Text der Rater noch nicht mitbekommen, worum es sich handelt, so werden der 11. / 21. / 31. ... Satz vorgelesen. Der Vorleser braucht sich im Text dabei nur kleine Bleistiftmarken anzubringen, damit er weiß, an welchen Stellen er das Vorlesen unterbrach, und wo er eventuell im zweiten Durchgang wieder einsetzen muß.

Fragen an den Tastsinn

Ein Spiel, welches besonders Kindern sehr viel Spaß macht, nennt man mitunter auch »Diebesbeute«. Es besteht darin, daß ein Gegenstand in ein Tuch (Handtuch oder Taschentuch, je nach Größe) gewickelt und dem zu Befragenden in seine auf den Rücken gehaltenen Hände gegeben wird. Er muß nun zu ertasten versuchen, was da eingewickelt ist. Eine etwas schwierigere Variante: Es werden mehrere Gegenstände in einen undurchsichtigen Stoffbeutel getan. Der Ratende muß nun wieder abfühlen, was da alles im Diebessack steckt.

Eine weitere Abwandlung: Dem Ratenden werden die Augen verbunden oder er muß auch dieses Mal wieder die Hand auf den Rücken legen. Rechtshänder müssen die Linke, Linkshänder die Rechte nehmen. Nun wird ihm vom Spielleiter oder dem, der die Frage stellt, ein Gegenstand so dargeboten, daß er ihn nur teilweise abtasten kann, d. h. der Fragende behält den Gegenstand in der Hand, läßt ihn nur zum Teil herausragen und dem Abtasten zugänglich machen. Auf ähnliche Weise können Oberflächenstrukturen ertastet, ein Gewicht oder Längenmaß abgeschätzt werden.

Ja-Nein-Quiz

Jeder Spieler hat zwei Zettel, am besten in verschiedenen Farben. Nehmen wir an in rot und in weiß. Weiß bedeutet Ja! und rot Nein! Der Spielleiter hat eine vorbereitete Fragenliste. Die Fragen darauf sind numeriert und müssen so beschaffen sein, daß sie mit Ja oder Nein zu beantworten sind.

1. Hat München mehr als eine Million Einwohner?
2. Liegt Mannheim am Rhein?
3. Fließt die Werra in die Nordsee?

Die Spieler notieren nun die Fragenummern auf dem betreffenden Zettel, in unserem Beispiel also 1. und 2. auf dem weißen, 3. auf dem roten. Das Spiel muß recht flott gespielt werden, damit die Spieler in einen gewissen Zeitdruck kommen und sich schneller entscheiden. Wer zuerst auf einem Zettel zehn richtige Antworten hat, meldet sich und übernimmt dann die Spielleitung. Wieder können die Fragen aus den schon erwähnten Quizbüchern gewählt werden. Am besten ist es natürlich, wenn sich jeder Spieler vor dem Spielbeginn eine oder mehrere Fragenlisten vorfertigt.

Ein anderes Ja-Nein-Quiz kennen Sie von dem seit Jahrzehnten im Fernsehen gepflogenen »Was bin ich?«. Nur, daß es hier nicht um ein Beruferaten, sondern darum geht, einen Begriff zu erfragen. Ein Mitspieler schreibt einen Begriff auf einen Zettel und legt diesen verdeckt auf den Tisch. Die anderen sollen nunmehr den Begriff erraten. Sie dürfen dabei lediglich Fragen stellen, die sich mit Ja! oder Nein! beantworten lassen.

Beispiele: Geht es um etwas Lebendiges? (Geht es um einen leblosen Gegenstand?) – Gehört es der Tierwelt (... der Pflanzenwelt) an? – Ist ein Raubtier gemeint? ...

Dabei kann, wie in dem oben erwähnten Quiz die Zahl der Fragen oder die Zeit des Fragens beschränkt werden.

Was alles so dazugehört

Bei diesem Fragespiel geht es darum, möglichst viele Begriffe der gleichen Art zu nennen. Wieder einmal kann Gewinner sein, wer in vorgegebener Zeit die meisten Begriffe findet.

Fragenbeispiele:

Welche Städte haben mehr als 1 Million Einwohner?

Welche Länder nahmen an der letzten Fußballweltmeisterschaft teil?

Welche Hunderassen kennst Du?

Womit kann man ein Haus beheizen?

In einer Abart dieses Fragespieles werden Reihen von zueinandergehörigen Dingen genannt, und der Befragte muß auf Anhieb sagen, welche nicht dazu gehören.

Was gehört nicht in die Reihe:

Löwe – Panther – Hyäne – Leopard – Wolf – Jaguar
(Die Hyäne gehört dazu, sie gilt als Unterart der Katzen, doch der Wolf ist falsch, er gehört zu den Hundeähnlichen.)

Zuordnungen

Bei einem Fragespiel, welches sich auch an anderer Stelle unserer Betrachtungen einordnen läßt, geht es um die Zuordnung von Tieren zu Lebensräumen. Der Spielleiter sagt Land, Luft oder Wasser. Der Befragte muß sofort ein Tier nennen, das in dem betreffenden Raume lebt. Allgemeine Begriffe gelten nicht, also nicht Vögel (wobei wir großzügig übersehen, daß sie ja sozusagen auf dem Lande nisten), sondern Star; nicht Fisch, sondern Forelle.

Wieder kann das Spiel etwas schwieriger gemacht werden, indem der Anfangsbuchstabe vorgegeben wird.

Genauso können drei Städte festgelegt werden (Paris, Wien, London) und der Spielleiter nennt Wahrzeichen, Bauwerke und sonstige Kennzeichen, die sofort wieder richtig zuzuordnen sind (Big Ben / Riesenrad / Eiffelturm).

Bei einer Verquickung von Beobachtung und Zuordnung kann dieses Spiel sich auch auf die Mitspieler selbst richten. Es wird dann nach Kleidungsstücken, Abzeichen oder körperlichen Merkmalen der Anwesenden gefragt. Es läßt sich diese Variante dann auch auf Eigenschaften und Kenntnisse erweitern.

Dieses Beispiel soll Ihnen nochmals vor die Augen stellen, daß es nicht schwierig ist, aus jedem unserer Spiele wieder Sonderformen zu entwickeln.

Er und Sie und andere Paare

Ein recht lustiges Spiel entsteht, wenn zwei Begriffe zu raten sind, von denen einer männlich und der andere weiblich ist, die aber eng zusammengehören. Beispiel: Der Plattenspieler und die Platte.

Bei der Formulierung der Ratehilfen geht man nun immer von den Fragen aus: Was kennzeichnet die Dame, was kennzeichnet den Herrn? Bei unserem Beispiel könnte die erste Hilfe so lauten:

Die Dame ist rund, der Herr im allgemeinen eckig.

Es werden immer mehr Hilfen gegeben: Die Dame ist schwarz, der Herr kann unterschiedlich gefärbt sein. Die Dame ist sehr dünn, der Herr verhältnismäßig massig.

Auch andere Paare lassen sich zu einem derartigen Fragespiel formen. Z. B. Lebewesen und Gegenstand: Raubtier-Käfig / Pferde-Stall / Neger-Kral

oder: Das einem Dingwort fast sprichwörtlich beigeordnete Beiwort und das Ding selbst! Die himmlische Ruhe / das weiche Herz / die zermarterte Stirn / der eiserne Wille.

Immer kommt es dabei darauf an, die beiden zueinandergehörigen und vom Befragten zu findenden Begriffe möglichst recht launig zu umschreiben.

Verbotene Antworten

Ähnlich wie es Fragespiele gibt, die nur mit Ja- oder Nein-Antworten operieren, gibt es auch andere Spiele, bei denen die Worte ja und nein verboten sind. Das heißt, der Witz der Fragenden besteht nun darin, derartige Fragen zu stellen, daß der andere eines der verbotenen Wörter benutzt. Dieses Spiel läßt sich ebenfalls vielfältig abwandeln. Zunächst schon dadurch, daß andere Wörter als verboten gelten. Sehr beliebt sind die Wörter: Ich, Du, Sie. Dann gibt es eine Variante, bei der es verboten ist, einen bestimmten Buchstaben zu verwenden. Zum Beispiel darf in den Antworten kein Wort mit »U« vorkommen.

Dann liegt der Witz darin, sehr konzentriert zuzuhören und darauf zu achten, daß keine Fehler vorkommen, also keines der verbotenen Wörter erscheint oder kein Wort den verbotenen Buchstaben enthält.

Wir wissen, daß es irgendwo innerhalb dieses Kapitels längst schon den einen oder anderen Leser gibt, dem das ganze zu verspielt ist. Er möge den Rest des Kapitels auslassen und bei späterem Durchgang das ganze Kapitel. Hätte ich das lieber in der Einleitung sagen sollen? Ich hoffe, daß so mancher, der dem leichten, lockeren Spiel abhold ist, heruntersteigt von seiner hohen Warte und sich etwas spielerische Fröhlichkeit aneignet. Sie wissen doch: Wer schaffen will, muß fröhlich sein! war schon Fontanes Meinung.

Richtig – falsch

Dieses Spiel kann sowohl in der Frageform als auch in der Form von Behauptungen gespielt werden. Ein Spieler zeigt auf einen Gegenstand, z. B. ein Glas und fragt: Ist das eine Kaffeetasse? Die Befragten haben mit Ja! zu antworten. Nachdem der Fragende ein paar weitere Fragen stellte, in denen er immer andere Bezeichnungen für die Gegenstände erfand, fragt er erneut aber jetzt nur (auf das Glas deutend): Was ist das? Nun muß die Antwort »Eine Kaffeetasse!« kommen oder der Befragte erhält einen Minuspunkt.

Der Erstgenannte kann aber auch gleich behaupten: Das ist eine Kaffeetasse und noch einem halben oder ganzen Dutzend anderer Gegenstände neue Bezeichnungen geben und dann mit seinen Fragen beginnen.

Bei einer Variante des Spieles fragt der eine nach Eigenschaften, und die Befragten müssen sozusagen mit dem Gegenteil antworten. Auf einen Kreis deutend: »Was ist das?« lautet die Antwort: »Ein Viereck!« Auf etwas Rotes deutend: »Welche Farbe ist das?« Antwort: »Grün!« Wichtig ist, daß bei Wiederholungen immer die gleiche »falsche« Antwort kommt, sonst ist es im Sinne des Spieles ein Fehler.

Vorgegebene Wörter

Jedem Mitspieler wird eine bestimmte Zahl von Wörtern vorgegeben. Z. B. drei Dingwörter, drei Tätigkeitswörter, drei Eigenschaftswörter und ein Jokerwort, also ein weiteres aus einer der vorgenannten drei Gruppen, nach seiner Wahl. Nehmen wir an, es seien folgende Wörter auf einen Spieler gekommen: Eisenbahn — Katze — Nixe — essen — singen — arbeiten — schön — bitter — fröhlich und er wählte noch sprechen dazu.

Nun wird er nach beliebigen Dingen gefragt und muß in seine Antwort eines der mitgegebenen Wörter einbauen. In einer Variante kann auch verlangt werden, daß jeweils zwei der mitgegebenen Wörter zu verwenden sind.

Beispiel:
Wie geht es Dir heute so?
Danke, wie eine *Eisenbahn*, immer so langsam dahin!
Wer war denn die Dame, mit der ich Dich gestern sah?
Eine wichtige Kundin, mit der ich *essen* gehen mußte!
Wieviel ist zwei mal zwei?
Schön, daß ich die Antwort weiß: vier!

Es kommt bei diesem Spiel auf die geistige Beweglichkeit Beider an. Der Fragende muß so zu formulieren versuchen, daß es schwer ist, die vorgegebenen Wörter einzubauen, der Befragte muß sich schnell etwas einfallen lassen, damit seine Antwort nicht unsinnig wird.

Allerlei weitere Ratespiele

Viele der hier betrachteten Fragespiele kann man auch als Ratespiel bezeichnen. Wir nennen Ihnen hier noch einige weitere. Eine Form des Sprichwörterratens durch Fragen geht so:

Ein Spieler geht nach draußen, die anderen denken sich ein Sprichwort aus. Der zurückgekommene Frager stellt nun nach der Reihe jedem anderen eine Frage. In der Antwort muß in der richtigen Reihe immer ein Wort des Ausspruches vorkommen.

Beispiel: Ohne Fleiß keinen Preis
Frage (an den Ersten): Welches Sprichwort soll ich raten?
Antwort: Die Frage muß *ohne* genaue Antwort bleiben.
Frage (an den Nächsten): Ist es ein schwieriges Sprichwort?

Antwort: Nein, mit etwas *Fleiß* wirst Du es erraten.

Weitere Frage: Wirst Du mir den Spruch verraten?

Antwort: Ich werde *keinen* Fehler machen!

Nächste Frage: Kann ich es überhaupt noch schaffen?

Antwort: Mit etwas Mühe ist der *Preis* schon zu erringen!

Wahrscheinlich hat der Fragende schon zwischendurch das Wort erraten und braucht nicht alle Fragen zu stellen. Aber bei weniger bekannten Wörtern kann es doch recht spannende Fragerunden geben.

Das Wichtigste zu 9. in Merksätzen

- Im Spiel liegt Spaß und ernste Absicht zugleich. Halten Sie es nicht für unter Ihrer Würde zu spielen.
- Spielerische Informationsaufnahme motiviert für die notwendige Denkarbeit.
- Schon das Spiel mit dem Lexikon kann als Denktraining gesehen werden.
- Schon im Altertum pflegte man »Fragekämpfe«, um den Geist zu schulen.
- Wie uns Märchen lehren, wurde der Verstand, der aus richtigen Antworten spricht, belohnt.
- Fragespiele können auch als angenehme Art zu lernen gesehen werden.
- Der besondere Reiz vieler Fragespiele liegt darin, daß sich leicht neue Varianten ausdenken lassen und so abermals die Kreativität trainiert wird.
- Besondere Formen der Fragespiele dienen dem Training der Sinnesorgane und erziehen zugleich das Gedächtnis.
- Desweiteren fördern Fragespiele die schnelle Assoziationsbildung.
- Bei Wissensfragen ist darauf zu achten, daß kein Spieler bloßgestellt wird.
- Haben die Teilnehmer unterschiedliches Wissensniveau, so ist in Gruppen zu spielen (Mannschaften gegeneinander).

- Auch das Erfinden von Nonsens kann dem geistigen Training hingerechnet werden.
- Zeitbegrenzung in den Spielen führt zu höheren Anforderungen und wirkt, wie sportlicher Leistungswettkampf, aufbauend.
- Wichtig ist, daß das Spiel fröhlich bleibt, um so die geistige Lockerheit zu gewährleisten.

10

10. Fragekunst und Fragetechnik in der Sicht der Interrogativ-Logik

Den Menschen ist, soweit wir es heute überblicken können, die Wichtigkeit des rechten Fragens von jeher bekannt gewesen. Seit alters her bemühten sich denkende Menschen über Fragen Prozesse der Einsicht in den Griff zu bekommen. Um so verwunderlicher ist es für den Suchenden, daß es so wenig brauchbare Ratschläge in der Literatur gibt. Bei mancher Suche danach fand ich so gut wie nichts in den Buchhandlungen. In den meisten Büchern, die sich mit der geistigen Arbeit beziehungsweise mit Denkprozessen befassen, fehlen die Stichwörter »Frage« / »Fragen« und mit ihnen zu bildende Komposita völlig. In anderen finden Sie kaum mehr als ein paar dürftige Hinweise. Ich selbst habe zwar in früheren Büchern hier und da ein Kapitel »Fragetechnik«, doch machte es ja gerade die vorliegende Arbeit nötig, weil es dort nicht möglich war, ausführlich auf die Thematik eingehen zu können. Die ältere Literatur, soweit sie uns in den wissenschaftlichen Bibliotheken zugänglich ist (auch hier findet sich nicht viel) behandelt den Gegenstand meist rein philosophisch oder psychologisch. Der Praktiker, der für seine Arbeit eine schnelle Hilfe sucht, kann sie dort nicht finden. Mit unserem Buch versuchen wir, eine Lücke zu schließen und dem, der Denkarbeit rationalisieren will, praktische Ratschläge zu geben. Wir kommen jedoch nicht umhin, ein paar Seitenblicke auf die wissenschaftliche Betrachtungsweise des Gegenstandes zu verwenden. Vielleicht können unsere Leser, in Verbindung mit den bisherigen Betrachtungen, daraus weiteren Nutzen gerade für die Praxis ziehen.

Bemühungen der Wissenschaft

Die Wissenschaft befindet sich auf der Suche nach logischen Gesetzen, aus denen sich ein Frage- und Antwortverhalten ableiten, bestimmen und damit optimieren läßt. Die Suche richtet sich auf eine zwingende Logik der Frage, und das Bemühen geht dahin, eine Interrogativ-Logik zu entwickeln. In ihr soll es um die formalen Beziehungen zwischen Denkinhalten gehen, die sich durch Fragen ausdrücken lassen und darum, daß sie in tatsächlichen Denkvorgängen beachtet werden. Geht es in den gebräuchlichen Sylogismen darum, aus Urteilen (Vordersätzen, Prämissen) in einem Schlußsatz zu folgern, so wird hier die Folgerung aus Fragesätzen gezogen. So wie aber die uralte Kenntnis der Logik-Regeln, angewandt auf Aussagesätze keine Patentrezepte für alle Problemlösungen brachte, wird es auch für das Schließen aus Fragesätzen kaum zu erwarten sein.

Immerhin haben wir schon in unseren früheren, einfachen Betrachtungen erkannt, daß jedes Bemühen um korrektes Fragestellen, sich als Akt schöpferischer Phantasie betrachten läßt. Somit ist ein solches Bemühen um Fragestellungen schlechthin beste Kreativitätsschulung.

Fragearbeit durch Computer?

Wenn der Mensch etwas zu schaffen versucht, so beginnt er damit, daß er Fragen aufstellt. Fragen nach dem, was neu zu gestalten ist und welche bis dahin unbefriedigenden Zustände durch das neu zu Schaffende beseitigt werden sollen. Er fragt sich weiter, weshalb es nötig ist, mit einer solchen Gestaltung sich zu befassen und wie das alles so im einzelnen auszusehen habe. Hier deutet sich auch eine Grenze an:

Wäre es möglich, diese Fragen bis in die letzte Einzelheit zu analysieren, zu katalogisieren und zu systematisieren, dann müßte es auch möglich sein, den Vorgang zu programmieren. Das heißt dann nicht weniger, als daß die Denkarbeit des Fragens der Maschine dem Computer übertragen werden könne. Schon gibt es auch Wissenschaftler, die das für möglich halten. Es bleibt aber ein Rest oder bei der oben angedeuteten Grenze, da sich eben nicht alles rationell klären läßt, weil Fragen aufzustellen auch im emotionellen Bereich wurzelt. Hier kommen wir mit den Ansätzen der Sprache, die ja als Codezeichen der rationellen Gedanken zu verstehen ist, nicht mehr weiter – und darin liegt sicherlich ein Teil der Freiheit des Individuums.

Fragen basieren auch auf dem Gefühl

Daß andererseits die Grenze der Kreativität nicht scharf gezogen werden kann, zeigen »Kunstwerke« wie sie, beispielsweise als mehrfarbige Grafiken, vom Computer geschaffen werden können. Große Künstler waren sich oft der »Gesetze« ihrer Arbeit nicht bewußt. So hörte man noch nicht, daß einer von ihnen z. B. die Verhältnisse des goldenen Schnittes mit dem Maßstab einbrachte. Dennoch finden sich in jedem großen Kunstwerk dessen Relationen. Es ist gerade das Kennzeichen der Epigonen ohne Eigenkreativität, daß sie nachzukonstruieren versuchen. Auch der kreativ Denkende wird sich nur selten der logischen Regeln bewußt sein, dennoch werden sie befolgt, man möchte sagen: emotional gehandhabt.

Wir sagten, daß der Mensch, welcher etwas erkennen will, sich gedanklich auf die Suche begibt. Er stellt dabei Fragen. Das heißt, er stellt Fragen auch dann, wenn er sich keiner sprachlichen Formulierung, keiner Verbalisierung bewußt wird. Es setzt sich ein

Frage-Antwort-Prozeß in Gang, mit dessen Hilfe neue Einsichten, Erkenntnisse gewonnen werden.

Der Grundgedanke der Wissenschaft besteht nunmehr darin, immer größere Partien dieser Vorgänge ins Bewußtsein zu heben. Sie geht von der Annahme aus, daß damit der Prozeß besser gesteuert werden kann und glaubt, wenn es auch nicht unmittelbare Absicht ist, daß damit dann auch rationeller und ökonomischer gearbeitet wird.

Bei der Interrogativ-Logik geht es um die Bedingungen oder Gesetzmäßigkeiten des rechten Fragens und Antwortens, um zu wirksameren Frageformulierungen zu kommen. Steuerbare Frageformulierungen sollen Antworten und damit Problemlösungen herbeizwingen.

Kann die Wirklichkeit erforscht werden?

Die Wissenschaft vom Fragen geht davon aus, daß Fragen und Antworten naturgegebenen Normen unterliegen, daß ihre Gesetzmäßigkeiten denen der Materie entsprechen. Geht sie nun weiter von einer rein materialistischen Weltordnung aus, so darf es nicht verwundern, wenn sich das Gedankengut der Interrogativ-Logik insbesondere im Lager des dialektischen Materialismus durchsetzte. Wir werden erst noch abzuwarten haben, ob über normierte Fragen und Antwortenkomplexe die Wirklichkeit »wirklich« erforscht werden kann.

Fragen zeigen Wissen und Wissenslücken

Fragen entstehen nicht im luftleeren Raum. Zu einer solchen Ansicht könnte nur kommen, wer bei seinen wissenschaftlichen Fragen vergißt, daß Fragen und erfragte Antworten auf Problemlösungen zielen.

Dennoch bedarf es bestimmter Voraussetzungen (und daraus

ließen sich dann Regeln ableiten), um Fragen zu stellen und beantworten zu können. Schon eine so schlichte Frage wie diese: »Wie geht es Deiner Frau?« setzt voraus, daß der Befragte eine Frau hat. Lautet eine Frage: »Ist Deine Frau wieder genesen?«, so gibt es die weitere Fragevoraussetzung, daß die Frau zunächst krank gewesen sein muß.

Um fragen zu können, muß man sowohl etwas wissen, als auch ein anderes nicht. Man muß wissen, daß der Befragte verheiratet ist und daß seine Frau erkrankt war, um die obige Frage zu stellen, hingegen besteht eine Informationslücke hinsichtlich des Gesundheitszustandes seiner Frau. Fragen spiegeln sozusagen die Informationslücken in uns wider. Diese Lücken können sich sowohl auf tatsächliche, als auch gedachte Ereignisse beziehen. »Wann werdet Ihr in Urlaub fahren?« nimmt an (gedachtes Ereignis), daß die anderen fahren werden.

Es kann also kaum jemand eine Frage stellen, der zuvor nicht schon etwas weiß. Fragt jemand einen Indienreisenden, ob er weiße Elefanten gesehen habe, so setzt diese Frage voraus, daß es überhaupt weiße Elefanten gibt. Richtet sich die Frage auf himmelblaue Elefanten, so heißt das, daß in der Phantasie des Fragenden (es könnte ein Kind sein) solche Tiere vorhanden sind.

Funktion von Frage und Antwort

Fragen sind Denkformen. Sie sind im allgemeinen in Worte gefaßt, können jedoch auch wortlos sein, in einem erstaunten Blick bestehen. Um einem Außenstehenden wortlose Fragen zu verdeutlichen, bedarf es aber wieder der Wörter, also der Codierung. Im allgemeinen fassen wir Fragen in Fragesätze. So verwundert es nicht, daß sogar namhafte Wörterbücher die Stichwörter Frage / Fragesatz zu einem zusammenfassen. Mit Fragen wird nach den Merkmalen eines Erkenntnisobjektes gesucht. So kann gesagt werden, daß die Frage der suchende, die Antwort oder die Aussage der behauptende oder der findende Gedanke sei. Anders: In Denkprozessen ist die Funktion der Frage die Suche, die Funktion der

Antwort die der Aussage. Die Frage zielt auf eine Information (auf Informationen) und bedingt diese damit in sich. Mit der Frage wird »versucht«, den Prozeß der Erkenntnis in Bahnen zu lenken. In jeder Frage ist mindestens bereits ein Erkenntnismerkmal des Gesuchten enthalten.

Über die Gültigkeit von Fragen

Bei der genaueren Betrachtung von Fragen werden wir zu befinden haben, ob sie ihren Zweck erfüllen, ergo ihrer Funktion gemäß wirken. Man spricht in der Wissenschaft dann auch von der sogenannten Gültigkeit der Fragen. Eine Frage gilt dann als gültig, wenn es möglich ist, sie der Wahrheit oder Wirklichkeit entsprechend zu beantworten.

Fragen sind dann nicht gültig, wenn sie keine Antwort ermöglichen, die der Wirklichkeit entspricht. Fragen können auch »gedankliches Suchen nach Merkmalen« genannt werden. Es wird mit ihnen nach Merkmalen dessen gesucht, was erkannt werden soll. Es besteht immer eine Beziehung zwischen der Frage und dem, nach dem gesucht werden soll. Der Suchende geht davon aus, daß der Gesuchte gefunden werden kann. Mit der Frage sagt der, der sie stellt, daß eine Antwort möglich sei. Ist hingegen dem Fragenden von vornherein klar, daß es keine korrekte Antwort geben kann, so ist seine Frage ungültig. Im Sinne unserer Betrachtungen handelt es sich um überhaupt keine Frage in unserem Sinne. Fragen lassen sich umso besser stellen, als die Antwort sicher vorliegt. Fragt jemand: »Wann wurde Goethe geboren?« und weiß es selbst (am 28. 2. 1749), so will er sich vielleicht nur vergewissern, ob der Befragte den gleichen Stand der Kenntnis hat. Das ist das große Feld der Prüfungen aller Art.

Kenntnis und Gültigkeit

Halten Sie fest, daß eine Frage immer dann ungültig ist, wenn das, nach dem sie sucht, unauffindbar ist. Natürlich hat das gar nichts damit zu tun, daß ein Befragter eine Antwort nicht weiß.

Kann er sozusagen das Gefragte nicht herbeischaffen, so bleibt dessen Gültigkeit dennoch bestehen, wenn das ein anderer könnte. Die Gültigkeit einer Frage ist nicht von der Kenntnis oder der Fähigkeit des Befragten abhängig. Vielmehr sind all die Fragen gültig zu nennen, wenn über sie das Gesuchte erkennbar wird, d. h. es eine Antwort darauf gibt.

Besonderheiten des zu Erfragenden festlegen

Sie sahen, daß mithilfe von Fragen Erkenntnisse gewonnen, erweitert oder auch gesteuert werden sollen. Es geht darum, neue Einsichten zu gewinnen. Dabei ist so vorzugehen, daß die Besonderheiten des zu Erfragenden festgelegt werden. Sodann richtet sich das Augenmerk darauf zu ermitteln, daß sich die Besonderheiten gedanklich finden lassen.

Es beginnt mit der Einsicht in einen Mangel, oder, wie wir schon ausführten, mit dem Bewußtwerden einer Informationslücke. Der Fragende weiß, daß das Frageobjekt bestimmte Merkmale hat, kann sie jedoch nicht eindeutig bestimmen. Es fehlen ihm beispielsweise Meßwerte. Bei der Frage: »Welchen Lichtdurchlaß hat opal eingetöntes Acrylglas?« weiß der Fragende, daß Acrylglas lichtdurchlässig ist. Er überlegt auch, daß opal eingetöntes Acrylglas einen anderen Lichtdurchlaß hat als glasklares Material. Er kennt nicht den Wert (die Prozentzahl des Lichtdurchlasses) und fragt nun nach diesem konkret meßbaren Merkmal. Er weiß es zudem auch, daß der von ihm gesuchte Wert suchbar ist.

Fragen müssen, um gültig zu sein, davon ausgehen, daß das gesuchte Merkmal am Erkenntnisobjekt feststellbar ist. Wir sehen: Um überhaupt Fragen aufstellen zu können, ist es nötig, nach Merkmalen des Erkenntnisobjektes zu suchen. Leiten Sie nunmehr von diesen Betrachtungen für sich ab: Voraussetzungen für gültige Fragen sind Aussagen, die ein bestimmtes Merkmal (des zu befragenden Erkenntnisgegenstandes) kennzeichnen. Diese Aussagen müssen selbst gültig und suchbar sein. Sind diese Voraussetzungen nicht gegeben, können keine gültigen Fragen aufgestellt werden.

Fragen und die klassische Logik

Aus den bekannten Einsichten und Regeln der klassischen Logik lassen sich Einsichten über die Gültigkeit von Aussagen ableiten. Überträgt man das Gedankengut auf das Frage-Antwort-Verhalten, so lassen sich auch Erkenntnisse über die Gültigkeit ableiten. Es ergeben sich dann beispielsweise solche Sätze:

Eine Frage kann von einer Prämisse abgeleitet werden, wenn diese in einer Aussage oder einer (feststehenden) Regel besteht.

Das mit der Frage gesuchte Merkmal eines Objektes unserer Erkenntnis muß jenem, der von der Prämisse abgeleiteten Frage entsprechen. Erkenntnisobjekte in formulierter Frage und Prämisse müssen identisch sein.

Fragen Sie nunmehr nach den Regeln zur Bildung wissenschaftlich gültiger Fragen, so ergeben sich diese:

Um eine gültige Frage stellen zu können, müssen Sie von feststehenden Normen, Regeln und Aussagen ausgehen.

Es ist darauf zu achten, daß das zu suchende Merkmal des Erkenntnisobjektes überhaupt suchbar ist.

Die zuvor erwähnten Aussagen, Regeln, Normen müssen wahr, bzw. ihrerseits gültig sein.

Das mit einer Frage Gesuchte muß den Voraussetzungen entsprechen.

Erkenntnisobjekte in Frage und Voraussetzungen müssen identisch sein.

Das zu findende Merkmal muß objektiv bestimmbar sein.

Gültigkeitswert für Antworten

Ebenso wie Prämissen für wissenschaftlich akzeptables und logisch gültiges Fragen aufgestellt werden können, sind auch die Antworten zu bestimmen. Mit Antworten bezeichnen wir jene Gedanken (im allgemeinen in verbalisierter Form ausgedrückt), die die in der Frage festgelegten Merkmale eines Erkenntnisobjektes bestimmen. Dabei ist zu unterscheiden zwischen dem Gedanken an und für sich und seiner Ausdrucksform, also dem Antwortsatz. Wir können Antworten erhalten, wenn die Sachverhalte auf die in der Frage festgelegten Merkmale hin untersucht werden. Antworten lassen sich ebenfalls aus den Regeln und Normen ableiten. Ebenso gibt es auch für Antworten einen Gültigkeitswert. Dieser Gültigkeitswert ist nicht identisch mit dem, was umgangssprachlich falsch oder richtig genannt wird. Die Gültigkeit einer Antwort wird vielmehr durch ihre Eigenschaft bestimmt, die Wirklichkeit widerzuspiegeln. Das will besagen, daß die gültige Antwort die Beziehung zwischen einem gesuchten Merkmal und der Bestimmung dieses Merkmales ausdrückt. Es sind die Antworten ungültig, die das gesuchte Merkmal falsch wiedergeben. So finden wir, daß gewissermaßen jede gültige Frage die gültige Antwort in sich einschließt. Dem widerspricht durchaus nicht, daß auf gültige Fragen in der Praxis auch ungültige Antworten kommen können. Die Regeln, die zu gültigen Antworten führen können, lauten etwa so:

Nur gültige Fragen können gültige Antworten hervorbringen. Ungültige Fragen führen immer zu ungültigen Antworten. Die Ableitungsregeln für die Fragen sind einzuhalten.

Fragen-Qualität und -Quantität

Wissenschaftler unterscheiden Fragen hinsichtlich ihrer Quantität und ihrer Qualität. Das ist wiederum nicht mit den umgangssprachlichen Wertungsmaßstäben zu vergleichen. Im wissenschaftlichen Sinne hat die Frage: »Ist Dein Nachbar auch Gartenbesitzer?« eine geringere Quantität als diese: »Sind alle Einwohner dieses Viertels Besitzer von Kleingärten?« Von der Quantität her wird unterschieden, die singuläre Frage, bei welcher ein oder mehrere Merkmale eines Erkenntnisobjektes erfragt wird, die Existentialfragen, die ein oder mehrere Merkmale eines Erkenntnisobjektes zu erfassen suchen und die Universalfragen, die sich auf ein oder mehrere Merkmale aller Erkenntnisobjekte eines Bereiches beziehen.

Hinsichtlich der Qualität werden unterschieden Fragen, die nach (einem) Merkmal(en) eines nicht existierenden Erkenntnisobjektes suchen, Fragen, die nach (einem) Merkmal(en) jedes nicht existierenden Erkenntnisobjektes eines Bereiches suchen und verneinende Universalfragen. Mit dererlei Bezeichnungen arbeitet dann die wissenschaftliche Interrogativ-Logik weiter.

Schließen durch Fragen

Gegenstand der wissenschaftlichen Fragenlogik ist es zu erforschen, ob aus einer oder mehreren gegebenen Fragen auf die Gültigkeit weiterer Fragen geschlossen werden kann und ob solche Fragenschlüsse vom Allgemeinen auf das Besondere und umgekehrt möglich sind. Um hier tiefer einzudringen, wäre es nötig, zunächst die Grundlagen des klassischen Schließens darzustellen. Das führt über den Rahmen vorliegender Arbeit weit hinaus und soll einer späteren Arbeit vorbehalten bleiben, bei der zu versuchen wäre, zunächst so etwas wie eine Logik für den unmittelbaren praktischen Bedarf zu entwickeln. Vermutlich werden derartige Betrachtungen für unsere Leser interessanter sein als die strengen theoretischen Auslegungen. Diese allerdings werden eine gewisse Bedeutung dann erlangen, wenn es erforderlich ist festzustellen, ob eine Frage im wissenschaftlichen Sinne überhaupt gültig ist, ohne daß die entsprechenden Versuche in der Praxis möglich sind.

Wissenschaftliche Fragen-Klassifizierung

In der Datenverarbeitung, in der Kybernetik und in der Informationstheorie kann eine modifizierte Wissenschaft vom Fragen sicherlich sehr großen Nutzen bringen. Zu untersuchen wäre dann unter anderem, welcher Informationsgehalt den Fragen zukommt. Dieser Gehalt müßte dann in informationstheoretischen Maßen genau festgelegt werden. Es wird dabei zu einer ganz anderen Klassifizierung von Fragen kommen, als wir sie hier in den verschiedenen vorangegangenen Kapiteln für den Praktiker vorgenommen haben. Da wäre gleich schon wieder die Unterscheidung nach der wissenschaftlichen Gültigkeit oder Ungültigkeit der Fragen. Sicherlich wird es dann auch Untergruppen geben. Es werden sich beispielsweise Fragen finden, die nur teilweise gültig sind oder solche, die sich überschneiden. Es lassen sich die Fragen auch hinsichtlich ihrer Funktion klassifizieren. Geradeso denkbar ist die Einteilung nach Quantität und Qualität. Aus all solchen Unterteilungen lassen sich dann neue Gruppierungen bilden, die jeweils mehrere Merkmale erhalten. Schon die geringen Andeutungen, auf die wir uns in diesem Kapitel bewußt beschränken, um den praktischen Charakter dieses Buches nicht zu gefährden, zeigen deutlich auf, daß es noch ein gewaltiges wissenschaftliches Neuland zu bestellen gilt. Vielleicht wird sich ein erarbeitetes neues Gedankengut bald auf die Praxis auszahlen, so wie die Einsichten von Kybernetik und Lerntheorien seinerzeit mit der »Programmierten Instruktion« die Grundlage für rationelle Lehr- und Lernverfahren bildete.

Wir konnten unseren Lesern kaum mehr als einen Blick durch das Astloch eines Zaunes geben, eines Zaunes, der ein Gelände absperrt, auf dem interessante Geheimwaffen gegen die menschliche Dummheit entwickelt werden. Wünschen wir es uns »Dummen«, daß sich dann die Tore recht bald weit öffnen mögen.

Das Wichtigste zu 10. in Merksätzen

- Da es wenig brauchbare Ratschläge in der Literatur gibt, sollte sich jeder einzelne um klügeres Fragen bemühen.
- Wissenschaftliche Untersuchungen richten sich auf formale Beziehungen zwischen Denkinhalten, die durch Fragestellung bewußt werden.
- Weil Fragen zu stellen auch im emotionalen Bereich wurzelt, werden die rein rationalen Bemühungen Grenzen finden.
- Der Mensch stellt Fragen auch dann, wenn er sich ihrer sprachlichen Formulierung nicht bewußt wird.
- Die Wissenschaft versucht steuerbare Frageformulierungen zu erarbeiten.

- Fragen kann nur der Wissende stellen, der zugleich Wissenslücken erkennt.
- Mit Fragen wird nach den Merkmalen eines Erkenntnisobjektes gesucht.
- Nur Fragen, die der Wirklichkeit entsprechen, können gültig genannt werden.
- Gültige Fragen bringen zum Ausdruck, daß eine Antwort gefunden werden kann.
- Auf ungültige Fragen kann es keine korrekten Antworten geben.
- Die klassischen Regeln der Aussagelogik lassen sich auch auf eine Interrogativ-Logik übertragen.
- Antworten nennen wir jene Gedanken, die die in der Frage gesuchten Merkmale eines Erkenntnisobjektes bestimmen.
- Die Gültigkeit einer Frage wird bestimmt durch ihre Eigenschaft, die Wirklichkeit widerzuspiegeln.
- In der wissenschaftlichen Betrachtung gibt es andere Fragenklassifizierungen, als wir sie in der Praxis Methodik geistiger Arbeit einzusetzen pflegen.

11

11. Fragen und Berichterstattung

Fragen wir uns selbst, wer denn da wohl so alles fragt, so fällt uns sicherlich zunächst wieder das Kind mit seiner Wißbegierde ein. Von da ist die Assoziation zu Schule und Lehrer nicht weit und schließlich ziehen wir uns aus der Affäre, indem wir schlicht »alle« sagen. Das ist gewiß nicht falsch, aber es gibt doch Menschen, zu deren Beruf das Fragen ganz besonders gehört. Genannt war auch schon der Naturwissenschaftler, dessen ganze Arbeit als unentwegtes Fragen an die Natur genannt werden kann. Und dann denken wir noch an die vielen Gattungen von Kontrolleuren, deren Fragen oft recht einseitig sind, bis daß wir auf den Kriminalinspektor kommen, dessen Arbeit wir aus den zahllosen Fernsehkrimis kennen und ebenfalls vom Fragen bestimmt wird. Meist geht es dann um das Erfragen einzelner Fakten, bei der die Suche nach den zu Befragenden viel interessanter ist als die ständig wiederkehrenden Fragen selbst. Untersuchen wir nicht weiter, wie stark sich Erfindungsgeist von Kriminalschriftstellern und Realität decken. Irgendwann aber wird Ihnen noch ein Beruf einfallen, der nahezu vom rechten Fragen lebt. Der Beruf des Berichterstatters, beispielsweise des Zeitungs-, Rundfunks- und Fernsehreporters.

Anforderungen an Berichterstatter

Sicherlich gehört zum Beruf eines Berichterstatters noch weitaus mehr als die Fähigkeit, Fragen stellen zu können. Denken Sie nur an Mut und Zivilcourage, an die Verantwortung gegenüber der zu informierenden Umwelt, an den guten Stil und die speziellen Fachkenntnisse im Bereich des Zeitungs- und Funkwesens. Doch ohne die Fähigkeit, sehr gezielte Fragen zu stellen, geht nichts. Ohne diese Fähigkeit kommen keine Antworten, nicht die rechten Informationen. Da Berichterstatter, selbst als Angestellte einer Zeitung oder Institution in ihrer Arbeit doch ein großes Maß an Freiheit haben, kommt ihnen auch ein hohes Maß an Verantwortung zu. Er muß zu den richtigen Informationen kommen, dann kann er weitgehend seine eigenen Gedanken vortragen. Berichterstattung erfordert ein hohes Maß an Disziplin und die Fähigkeit, mit Menschen richtig umgehen zu können. Zu all dem kann das rechte Fragenstellen erheblich beitragen.

Berichterstattung und Meinungsbildung

Wir machen uns hier keinesfalls anheischig, Sie so nebenbei, auf ein paar Seiten unseres Buches zu einem erstrangigen Journalisten zu machen. Wir möchten jedoch gern Berichterstattern ein wenig über die Schultern schauen, um unsererseits über Frage oder Berichterstattung zu den Informationen zu kommen, die uns dann vorwärtsbringen sollen. Bedenken Sie auch, daß Berichterstatter oft in der schwierigen Lage sind, daß die Menschen, die ihre Berichte lesen, oft nur die eigene Meinung bestätigt haben möchten. Berichterstatter haben jedoch sorgfältig zu unterscheiden zwischen der objektiven Informationsweitergabe und privaten, persönlichen Anschauungen. Berichterstattung trägt zur Meinungsbildung in starkem Maße bei. Deshalb sind schon die Fragen: »Welche Meinung zu bilden will ich beitragen?« »In welcher Weise sollen die Informationen die zu Informierenden beeinflussen?« »Welche Auswirkungen werden meine Aussagen haben?« äußerst wichtig. Gerade diese Fragen müssen sich unsere Leser auch unentwegt stellen, wenn sie ihre Gedanken unterbringen, Informationen in ihrem Sinne abgeben wollen.

Fragen auf Fehler richten

Richtig dargebotene Informationen erzeugen Interesse. Die zu stellenden Fragen lauten: »Welche Art von Interesse will ich beim anderen erwecken?« »Wie bringe ich Leser oder Hörer dazu, sich für das zu interessieren, was ich zu sagen habe?« »Welche Wege habe ich zu gehen, damit meinen Aussagen Gehör geschenkt wird?« Hier können wir sicherlich alle sehr viel von Journalisten lernen. Fassen wir den Begriff nicht zu eng. Wörtlich übersetzen ließe sich Journalist ja mit »Schreiber für den Tag«. Wir denken hier durchaus in größeren Zeiträumen. Wenn von einer objektiven Berichterstattung die Rede ist, dann ist dabei auch zu bedenken, daß der, über den berichtet werden soll, gern in gutem Licht dastehn möchte. Anders gesagt, es wird über Erfolge gern etwas gesagt, Mißerfolge verheimlicht man lieber. Nun ist es Aufgabe des Berichters, beides in das rechte Licht zu rücken. Das bringt ihm nicht nur Freunde. Auf unsere Belange bezogen: Über jene Informationen, die nicht so gut in unsere Absichten passen, die jedoch der Realität entsprechen, dürfen wir nicht hinwegsehen. Menschen machen Fehler, auch auf die Fehler gilt es Fragen zu richten, schon allein deshalb, damit über ihre Erklärung späteres Fehlverhalten vermieden wird: »Wie kam es dazu, daß es hier nicht so lief, wie es sollte?« »Was wurde falsch gemacht und führte logischerweise zu den Ereignissen?« »Durch welches andere Verhalten hätten sich die Fehler vermeiden lassen?«

Ein starkes Interesse aufbauen

Fragen regen zum Denken an, oder sollten solches doch tun. Das ist so etwas wie eine Grundweisheit, die wir durch das ganze Buch zu führen suchten. Wir wissen es aus den unterschiedlichsten

Betrachtungen zum Thema »Methodik geistiger Arbeit«, daß das Interesse so etwas wie ein Schwungrad ist. Es setzt Aktivitäten frei, es fördert die Gedächtnisleistung und erhöht die Konzentration. Fragen zeigen einerseits, daß ein Interesse vorhanden ist, zum anderen kann ständiges Weiterfragen auch ein starkes Interesse aufbauen. Interesse führt zu größerer und genauerer Beobachtung. Wir wissen, daß die Beobachtung wiederum durch Denkarbeit gesteuert und verbessert wird. So landen wir wieder bei einer positiven Neugier, die jedem guten Berichterstatter auch zuzuschreiben ist. Die besten unter ihnen zeigen nicht so sehr, wie gut sie schreiben oder sprechen können, als vielmehr, wie gut sie Fragen zu stellen wissen, mit denen sie sich in Mensch und Thema hineinversetzen. Wer gute Fragen stellen lernen will, muß durchaus nicht alles verstehen, aber er muß sich bemühen, für alles ein Verständnis aufzubauen. Verständnis, Anteilnahme, Interesse, das sind drei, die eng zueinander gehören.

Die gute, alte AIDA-Formel

Mit welchen Berichtsformen und welchen Fragen erfüllen nun die Berichterstatter ihre Aufgaben? Betrachten wir uns die wesentlichen Merkmale der wichtigsten, um daraus wieder den Nutzen für die persönliche Arbeit zu ziehen. Im Verkaufstraining gibt es die berühmte AIDA-Formel. Ob sie auf einen klugen Berichter oder einen reinen Trainer oder (wie vielleicht anzunehmen) auf einen Menschen zurückgeht, der beides in sich vereinte, Ihnen kann diese Formel sicherlich auch helfen, Fragen anzusetzen und zu den richtigen Informationen zu kommen: AIDA, diese vier Buchstaben sind zugleich die Anfangsbuchstaben für Merkwörter, die Sie daran erinnern, was zu tun ist.

A steht für Aufmerksamkeit. Es geht um die eigene Aufmerksamkeit ebenso, wie um die, welche Sie bei anderen erwecken wollen. Fragen Sie sich deshalb immer: »Was erweckt die Aufmerksamkeit derer, die ich informieren will?« »Worin steckt der Aufmerksamkeitswert der Information überhaupt?« »Welcher Mittel sollte ich mich bedienen, um die Aufmerksamkeit a) zu erwecken und b) ständig aufrecht zu erhalten?«

I steht für Information. Eine Information ist das Neue, das bis dahin Unbekannte für den, der informiert werden soll. Fragen Sie doch auf diese Weise: »Was ist das Neue an dieser Meldung oder Aussage?« »Worin stecken die Informationen, die ich selbst benötige oder weitergeben will?« »Wie ist diese Information am besten an Frau und Mann zu bringen?« (Hier könnte es eine Verknüpfung mit der Frage nach dem Interesse geben.)

D steht für Drang. Hier könnte auch Stimulierung oder Motivation stehen, aber dann kommen wir ja nicht auf das schöne Merkwort. Fragen Sie sich: »Wie kann ich meinen Leser (oder Hörer) anregen, sich weiterhin in meinem Sinne zu verhalten?« »Wie erreiche ich es, daß er (es kann auch eine »Sie« sein) in meinem Sinne handelt oder denkt?« »Was muß ich wie sagen, damit Hörer oder Leser motiviert werden?«

A steht dann noch für Aktion, also die Handlung des Adressaten. Wieder können Sie gezielt fragen: »Habe ich die Informationen so dargeboten, daß eine Folgehandlung in meinem Sinne veranlaßt wird?« »Was könnte noch getan oder gesagt werden, daß es zu Aktivitäten führt?« »Wie aktiviere ich den Angesprochenen schlechthin?«

Aktennotizen und Briefe

Die wohl einfachste Form eines Berichtes ist die Aktennotiz. Hier ist es fast immer das zweckmäßigste, sich des schlichten W-Fragen-Systems zu bedienen. Auch Briefe können die Berichtsform haben. Bei ihnen sind die Fragen (vielleicht nach AIDA) auf den Briefempfänger zuzuschneiden. Also gehen Ihre Fragen auch darauf hin, zu ermitteln, welche Eigenarten der Empfänger hat, und was in welcher Form bei ihm am besten ankommt.

Der Fehler vieler Briefe, richtiger: vieler Briefschreiber, liegt darin, zu stark auf das Ich und zu wenig auf das Du oder Sie zu achten. Sie werden den Fehler nicht machen, wenn Sie fragen: »Welche(r) Empfänger sind zu informieren, und welche Art von Informationen (auch Informationsformen) kommt am besten an?« »Wie lassen sich meine Belange mit denen des Briefempfängers am wirksamsten verknüpfen?« Aber auch solche Fragen könnten bei Informationsempfängern (nicht nur von Briefen) zu besseren Erfolgen führen: »Welche Sprache muß ich einsetzen?« »Welche Redewendungen mögen hier am besten ankommen?« »Welche Vorinformationen kann ich voraussetzen (Was brauche ich nicht zu wiederholen)?«

Das Interview

Das Fremdwörterbuch übersetzt Interview schlicht mit Befragung. Im Lexikon heißt es etwas ausführlicher: Befragung von Personen zur publizistischen Verwertung ihrer Ansichten. Auf jeden Fall haben wir es hier fast mit einer klassischen Fragekunst zu tun. Der geschickte Interviewer ist sicherlich ein halber oder ganzer Psychologe. Es wird hier stark darauf ankommen, sich in der Gesprächssituation klug dem Partner anzupassen. Bedarf es zur Klärung einer Aufgabe der Informationen, die nur von Personen zu beschaffen sind, so wird zum Interview gegriffen. Der Fragende, nennen wir ihn jetzt ruhig Reporter, baut eine gedankliche Brücke zwischen Informationsabgebendem (den zu Interviewenden) und Informationssuchendem, also Hörer oder Leser. Die ersten Fragen richten sich meist auf die Persönlichkeit des zu Befragenden selbst, es sei denn, diese ist weitgehend bekannt. Die weiteren, das Thema selbst betreffenden Fragen, sind gut vorzubereiten. Der Interviewer hat sich selbst zu fragen, wie weit er Kenntnis der Materie hat und muß sich notfalls sorgfältig darin einarbeiten. Nur dann kann er gezielte Fragen so formulieren, daß ihm informative Antworten zuteil werden. Bei öffentlichen Interviews oder solchen von großer Wichtigkeit, zahlt es sich aus, dem zu Befragenden die später mündlich vorgelegten Fragen zuvor schriftlich zu übermitteln. So kann er sich auch besser vorbereiten und Daten rechtzeitig herbeischaffen.

Gehen wir einen Schritt zurück (bei anderer Betrachtungsweise kann es auch als ein Schritt nach vorn bezeichnet werden) und betrachten uns ein paar Wesensmerkmale des Gespräches.

Ein Gespräch, welches nur aus Behauptungen oder Feststellungen besteht, ist beinahe undenkbar. Versuchen Sie doch mal eines zu konstruieren. Es gehören immer Fragen dazu, damit ein Gespräch fortgeführt werden kann. Echte Gespräche, die über belanglose Plaudereien hinausgehen, haben ein Ziel. Die Frage des oder der Gesprächsführenden lautet deshalb: »Komme ich mit meinen Gesprächsbeiträgen dem Gesprächsziel näher?«

Im Gespräch sollen auch Gedanken ausgetauscht werden. Wieder helfen Fragen klären: »Ist der von mir ausgesprochene Gedanke akzeptabel und verständlich für meinen Gesprächspartner?« »Wie bringe ich meinen Partner dazu, sich so klar und unmißverständlich zu äußern, daß ich seine Gedanken verstehen kann?«

Beim Gesprächspartner sind Kontrollfragen anzusetzen (siehe Kapitel 12), die eigenen Aussagen mit Wiederholungsfragen zu unterstützen.

Im Gespräch, wie im Interview, geht es sehr oft darum, Stellung zu nehmen, die persönliche Meinung zu gegebenen Ereignissen kundzutun. Nur die weitergehende Kenntnis dieser Ereignisse erlaubt es, Informationslücken in Worte zu fassen. Auch hierbei geht man am besten mit Fragen vor. Gespräche zu mehreren, mitunter auch dann Round-Table-Gespräche genannt, wenn man gar nicht um einen runden Tisch sitzt, erfordern besonders hohe Aufmerksamkeit, da die Tendenz besteht, daß sich unter Teilnehmern Zwiegespräche entwickeln, die nicht zum eigentlichen Gesprächsthema gehören. Mit der gezielten Frage an einen derart Abweichenden kann er wieder in die Gesprächsrunde zurückgeführt werden. Insbesondere helfen gezielte Fragen, Gespräche, die ins Stokken gerieten, wieder in Gang zu bringen. Sie sollten sich deshalb bei der Gesprächsvorbereitung immer auch eine Reihe festgeprägter Fragen zum Thema zusammenstellen.

Schilderungen

Bei Schilderungen oder Beschreibungen ist kein Partner nötig. Das hat zwar den Vorteil, daß man sich voll auf die eigenen Gedanken konzentrieren kann, aber auch einen Nachteil. Der Nachteil besteht darin, daß man mit seinem Denken in Kreise geraten kann, aus denen nicht herauszufinden ist. Außerdem fehlen die Denkanstöße, die von den Fragen der Gesprächspartner ausgehen, oder sich durch die Äußerung eines anderen spontan ergeben. Ergo haben Sie selbst bei Beschreibungen für genügend Denkanstöße zu sorgen. Wie könnten Sie das besser als über Fragen? Ob Sie sich dabei der einfachen Systeme (W-Fragen) oder anspruchsvollerer Schemata (siehe Fragebogen) bedienen, ist sekundär. Beginnen Sie mit der Beobachtung, schildern Sie dann, was Sie sehen und stellen Sie sofort Fragen, woran es liegt, wenn Sie mit den Schilderungen nicht weiterkommen.

Beschreibungen oder Schilderungen können als das Bemühen um eine Codierung optisch oder akustisch wahrgenommener Eindrücke bezeichnet werden. Wenn es sich bei Beschreibungen/Schilderungen um Berichte handeln soll, dann müssen die Informationen streng sachbezogen sein. Beim Erlebnisbericht kann das Empfinden des Berichters miteinbezogen werden.

Die Reportage

Bei vielen Reportagen ist eine Neigung zum Dichterischen hin unverkennbar. Das muß durchaus kein Nachteil sein. Wenn nicht gerade die Tatsachen bewußt verdreht oder unterschlagen werden, dann ist es recht gut, Hintergrundkenntnisse in die Berichterstattung einfließen zu lassen. Immer bleibt die Information das Hauptanliegen. Während aber die Schilderung sich weitgehend auf die beobachteten Fakten bezieht, hat der Reporter die Freiheit, auch seine Anschauung mit in das Gespräch zu bringen. Je nach Vermögen des Reporters vermag er die Leser oder Hörer so stark in die Dinge schauen zu lassen, daß sie fast glauben, dabei zu sein. Hören

Sie sich eine gute Sportreportage an. Fragen Sie sich, woran es liegt, daß sie so mitreißend wirkt. Sie werden finden, daß es viel am Engagement liegt. Der Berichterstatter wirft sein Herz mit in die Waagschale. Fragen Sie sich, wenn Sie Informationen in Form einer Reportage weitergeben wollen, wie die zu Informierenden zu pakken sind. In der Situation selbst können Sie nicht mehr lange fragen, dann sollten Sie sich begeistern, um die eigene Begeisterung zu übertragen. Reportagen bieten nahezu alle Freiheit (soweit nicht durch die einzusetzende Technik begrenzt), die sich der Reporter nur denken kann. Deshalb ist die Selbstbefragung nach der wirksamsten Art besonders wichtig. Bereits die einleitende Schilderung ist wichtig. Diese Fragen sind zu stellen: »Wie schildere ich Hörern oder Lesern den Ort der Handlung so, daß sie ihn vor sich sehen?«

»Wie beschreibe ich die Personen der Handlung, daß die zu Informierenden mit ihnen fühlen?« »Wie lasse ich die zu Informierenden an dem ganzen beschriebenen Geschehen lebendigen Anteil nehmen?«

Weitere Berichtsformen

Bei der Schreibarbeit kennt man noch einige andere Berichtsformen. Zum Beispiel die einfache Nachricht, welche objektiv ein Ereignis schildert und über die Fragen: »Welches sind die wichtigsten Fakten der Nachricht?« »Was könnten andere daran für wichtig halten?« »Gebe ich alle Informationen, damit der Empfänger sich sein eigenes Bild machen (Urteil bilden) kann?«

Dann gibt es auch noch den Kommentar, bei dem der Berichter zur vorliegenden Nachricht gleich seine Meinung sagt oder die Betrachtung aus Sicht einer Interessengruppe darstellt. Hier sind zusätzlich folgende Fragen anzusetzen: »Ist meine Darstellung so beschaffen, daß die Informationsempfänger die objektive Nachricht von meiner Meinung unterscheiden können?«

Schließlich haben wir auch noch die Glosse, was ursprünglich wissenschaftliche Randbemerkung bedeutete. Heute trifft es die

Sache fast schon, wenn wir nur Randbemerkung sagen. Glossen sind kurze, meist humorvoll formulierte Kommentare zu aktuellen Informationen. Hier fragt sich jemand: »Wie ist unter einem erheiternden oder überraschenden Merkmal die Information am besten zu übertragen?«

Pflicht zur Wahrheit

Für das Abfassen von Berichten aller Art, also im umfassenden Sinne aller hier in diesem Kapitel angestellten Betrachtungen, gibt es gewisse Spielregeln. Eine dieser Regeln ist die, der Wahrheit verpflichtet zu sein. Wenn auch dagegen oft verstoßen wird, so tritt doch die Regel nicht außer Kraft. Fragen Sie sich und die Informationen, die Sie abgeben immer wieder, ob es wahr ist, was Sie da sagen. Ist in unserem Grundgesetz das Recht verankert, daß jeder seine Meinung frei äußern darf, dann ist ihm damit, wenn auch ungeschrieben, zugleich die Pflicht zur Wahrheit auferlegt. Es darf auch nicht übersehen werden, daß ein solches Recht die Freiheit einschließen kann, anderen die Ehre abzuschneiden.

Dichter waren oft Journalisten

In der Sprache der Berichte erwartet man den kurzen, klaren und nach Möglichkeit motivierenden Ausdruck. Stellen Sie sich folgende Fragen: »Ist mein Bericht genau?« »Spreche (schreibe) ich ohne Umschweife?« »Sind Wörter wie »vielleicht« oder »eventuell«, »wahrscheinlich«, »etwa« weitgehend vermieden worden?« »Bringt meine Niederschrift die Informationen klar zum Ausdruck?« »Gelingt es mir, spannend zu schreiben?«

Damit verbunden sollte es sein, daß der gesprochene Text »hörbar«, der geschriebene »lesbar« ist. Von namhaften Dichtern (z. B. Lessing und Heine) wissen wir, wie nahe Berichterstattung bei echter Kunst liegt, denn viele von ihnen kamen aus dem Journalismus.

So gelten denn auch für Feuilleton und Unterhaltungsteil von Zeitschriften neben den informationstechnischen Anforderungen auch die künstlerischen Spielregeln.

Das Wichtigste zu 11. in Merksätzen

- Da Berichterstatter vom Fragen leben, können wir aus ihren Berufserfahrungen viel lernen.
- Mit dem rechten Fragen ist oft auch ein hohes Maß an Verantwortung verbunden, die es auf sich zu nehmen gilt.
- Eine der wichtigsten Fragen in diesem Zusammenhang lautet: Welche Meinungen bilde ich mit meinen Berichten?
- Eine weitere: Welches Interesse will ich bei den zu Informierenden wecken?
- Aufgabe des Berichters ist es unter anderem, Informationen in das rechte Licht zu rücken.
- Bedienen Sie sich auch in der Berichterstattung der AIDA-Formel.
- Fragen Sie danach, welche Darstellungsart beim Empfänger am besten ankommt.
- Bei Interviews sollten die Fragen vorab sorgfältig vorbereitet werden.
- In Rundgesprächen holen gezielte Fragen unkonzentrierte Teilnehmer wieder in die Aktionsgemeinschaft zurück.
- Ein wesentlicher Punkt bei Reportagen und der damit oft verbundenen Befragung ist die persönliche Begeisterung für die Sache.
- Immer wieder ist die Selbstbefragung nach den besten Mitteln von großer Wichtigkeit.
- Ohne die Pflicht, die Wahrheit einzuhalten, sind auf die Dauer keine wirksamen Berichte denkbar.
- Gute Berichterstatter waren zugleich auch oft anerkannte Dichter. Eifern Sie ihnen nach!

12

12. Kleines Wörterbuch der Fragenarten

Wir stellen Ihnen hier wichtige Fragearten alphabetisch zusammen. Sie können dadurch, im schnellen Überblick, die herausfinden, welche in der Umgangssprache häufig vorkommen. Es läßt sich dabei nicht vermeiden, daß einzelne Begriffe sich stark überschneiden. Wo unter verschiedenen Bezeichnungen das gleiche gemeint ist, beschränkten wir uns auf die häufiger vorkommende Bezeichnung und verweisen nur kurz auf andere Namen. Dort wo es jedoch Unterschiede gab, sind eigene Bezeichnungen aufgenommen worden. Sie finden dann Hinweise auf eventuelle Überschneidungen. Sicher ist diese Zusammenstellung nicht komplett, soweit aber zu überblicken, die derzeit weitaus umfangreichste unter denen in einschlägigen Büchern. Zu einigen dieser Fragen ist auch schon in den vorangegangenen Kapiteln manches gesagt worden. Dadurch ergeben sich hier und dort auch geringfügige Wiederholungen. Wir haben sie deshalb beigegeben, damit Sie in diesem Kapitel so etwas wie ein kleines Nachschlagewerk haben und nicht erst nochmals in den laufenden Text vorangegangener Ausführungen zurückverwiesen werden müssen. Sie werden hier ebenso eine ganze Reihe von Fragenarten finden, über die vorab noch nicht die Rede war, die aber sicher im Zusammenhang mit früheren Betrachtungen auch ihren Wert haben. Hier überlassen wir es der Findigkeit unserer Leser, sich Anregungen für die eigene Praxis zu holen. So ist auch das ganze Buch nicht so sehr als Lehrbuch gedacht, sondern als eine Folge von gedanklichen Anstößen, aus denen sich der Interessierte die heraussuchen sollte, die ihn selbst am besten persönlich voranbringen. Diese Übersicht dient außerdem jenen Lernwilligen, die sich den Inhalt der wichtigsten Aussagen zum Thema »Fragetechniken« intensiver einprägen, also erlernen wollen. Für Anregungen zur Aufnahme weiterer Stichwörter in dieses Kapitel wäre der Verfasser außerordentlich dankbar. Persönliche Antwort auf Zuschriften ist zugesichert.

Alternativfragen

Unter Alternativen versteht man die Wahl oder Entscheidung zwischen zwei Möglichkeiten. So müßten, streng genommen, Alternativfragen nur solche Fragen sein, auf die es nur zwei zur Auswahl stehende Antworten gibt. So können Sie es auch sehen. Unterdessen hat der Begriff umgangssprachlich eine Erweiterung erfahren. Wir verstehen heute im allgemeinen unter Alternativfragen solche, auf die es nicht nur eine, sondern mehrere mögliche Antworten gibt. Das können dann wieder nur zwei sein, es ist ebenso denkbar, daß es deren mehrere sind. Alternativfragen treten gelegentlich als offene Informationsfragen auf und bieten dennoch mehrere Antwortmöglichkeiten: »Ist der Funkturm das höchste Gebäude Berlins?« (Nein! Der Fernsehturm im östlichen Teil der Stadt ist höher.) Im allgemeinen sind Alternativfragen als geschlossene Fragen (→) formuliert: »Möchten Sie zwei gebratene Eier oder zwei Eier im Glas zum Frühstück?« In diesem Fall läßt der Fragende weitere Alternativen aus. Es bleibt offen, ob der Befragte gar keine Eier oder eine andere Zubereitungsart wünscht. Der Fragende bietet eine Alternative nach seinem Ermessen an.

Sie können Alternativfragen aufbauen und stellen, wenn Sie den Befragten in eine von Ihnen angestrebte Denkrichtung bewegen wollen. Seien Sie sich dann darüber klar, daß, wenn dem anderen weitere Alternativen bekannt oder bewußt werden, Ihre Absichten mißlingen könnten. Bedenkenlos können Alternativfragen nur gestellt werden, wenn es außerhalb der angebotenen Wahlmöglichkeiten keine weiteren gibt.

»Werden Sie mit dem Nachmittags- oder mit dem Abendzug kommen?« (Es fährt kein anderer). Im Verkäufertraining geht man mitunter darauf aus, über Alternativfragen dem potentiellen Kunden zu suggerieren, daß es halt keine anderen Möglichkeiten gäbe. »Wollen Sie die Möbel in Rüster oder Eiche?« (wenn diese beiden Hölzer gerade am Lager sind) ist eigentlich nur dann erlaubt, wenn der Zusatz folgt: »... anderenfalls bedarf es etwas Wartezeit (bzw.: diese kann ich Ihnen sofort liefern).

Bestätigungsfragen

mitunter rangieren sie auch unter Kontrollfragen (→), werden in der Absicht gestellt, die eigenen Ansichten und Meinungen vom Befragten bestätigt zu erhalten. Da eine feststehende Antwort gewissermaßen erwartet wird, ähneln sie stark den rhetorischen Fragen (→).

Oft werden Bestätigungsfragen auch als Ergänzungsfragen (→) angesetzt. Es hat sich in Verhandlungen und Verkaufsgesprächen gut bewährt, wenn mithilfe von Bestätigungsfragen das bis dahin Erreichte zusammengefaßt wird: »Sind wir uns soweit einig, daß wir die Beheizung des Gebäudes mit Fernwärme vollziehen wollen?« Mit der Frage kann auch aus dem anderen die Formulierung herausgelockt werden: »Soweit sind wir ja einer Meinung, darf ich Sie bitten, das Ergebnis in Ihren Worten kurz zu wiederholen?« Schon die mehr allgemeine Formulierung: »Sind Sie mit dem Bisherigen einverstanden?« zählt zu den Bestätigungsfragen. Diese Fragenart kann auch eine zuvor erbetene und erhaltene Information bestätigen oder anzweifeln: »Hat Buenos Aires wirklich 10 Millionen Einwohner?« Der Vorteil einer Bestätigungsfrage, anstatt einer anderen Aussage, die ja auch Gemeinsames bestätigen kann, liegt vor allem darin, daß der Befragte aktiviert und motiviert wird. Das ist besonders dann der Fall, wenn er selbst in eigener Formulierung die Bestätigung vornimmt.

Direkte Fragen

Sie werden mitunter auch Informationsfragen (→) genannt. Das ist nicht ganz treffend, da in der direkten Form auch andere Fragen gestellt werden können (z. B. »Rhetorische Fragen«) (→).

Direkte Fragen wollen ohne jede Umschweife eine Information zur Antwort, wenn sie üblicherweise im Gespräch gestellt werden. Man kann sie also als Informationsfragen stellen, ebenso auch als Fangfragen (→). Der Fragende konfrontiert den Befragten unmittelbar mit dem Inhalt der Frage: »Wie alt sind Sie jetzt?« »Welche Produkte können Sie liefern?« »Wie ist Ihre Meinung über . . .?«

Mit direkten Fragen läßt sich ein festgefahrenes Gespräch wieder in Gang bringen. Es ist zweckmäßig, sich bei der Vorbereitung eines Gespräches auch gleich eine Reihe von Fragen vorzubereiten. Wie weit das sogar bis in die Formulierung hinein geschehen soll, entscheidet der Fall. Auf jeden Fall kann man mit solchen Fragen verhindern, daß die Diskussion einschläft. Es ist auch möglich, den Vielredner in der Gesprächsrunde mit gezielten Fragen in die Schranken zu weisen, bzw. seine Beiträge nutzbar zu machen. Wie weit sich direkte Fragen auch dazu eignen, ein Gespräch zu eröffnen, hängt von der Mentalität der Gesprächspartner ab. Auf jeden Fall ist es in der Eröffnungsphase immer besser, Höflichkeitsfragen (→) vorauszuschicken.

Achten Sie auch darauf, daß direkte Fragen nicht zu direkt, d. h. persönlich werden oder gar verletzend wirken.

Entscheidungsfragen

Ihr Name sagt es schon, daß man mit ihrer Hilfe zu Entscheidungen kommen will, oder eine unmittelbare Entscheidung des Befragten herbeiführen möchte. Entscheidungsfragen haben oft die

Form von Alternativfragen (→) und wollen dann erreichen, daß eine Entscheidung im Sinne des Fragenden vollzogen wird. Ist nur eine begrenzte Zahl von Entscheidungsmöglichkeiten zugelassen, so gibt es keine Komplikationen. Ist z. B. während der Urlaubsreise innerhalb der Vollpension eine begrenzte Menuwahl möglich (Auswahl unter je 3 Gerichten), so kann der Kellner die Entscheidungsfrage stellen: »Wünschen Sie Hühnersuppe, die Consommeé oder die Gaspacho?« Der Befragte ist festgelegt, es wird seinem Denken wenig Spielraum gegeben.

Auf die Frage: »Darf ich Sie morgen um 14.00 h besuchen?«, erwartet der Fragende eine klare Entscheidung. Er kann das Ja! erwarten und muß auch mit dem Nein! rechnen. Schwieriger wird es schon, wenn der Befragte zugleich mehrere Entscheidungen treffen soll: »Darf ich Sie morgen um 14.00 h besuchen und zur anschließenden Probefahrt einladen, damit Sie Ihren Kaufentschluß fassen können?« Letzteres wird er vielleicht nicht in dieser Deutlichkeit aussprechen, doch in solche Richtung laufen mitunter Entscheidungsfragen. Überlegen Sie sie und formulieren Sie sie klug bedenkend. Andererseits gibt die Frage: »Wann darf ich Sie eventuell einmal besuchen?« dem Befragten viel zu viel Spielraum. Sie ist auch nur scheinbar höflich und deutet in Wahrheit Ängstlichkeit an. Fast hat dann der Befragte schon das Gefühl, daß der Fragende froh ist, wenn er eine negative Antwort erhält. Es gibt Frager, die auf diese Weise Selbstmitleid kassieren.

Überlegen Sie also, wenn Sie Entscheidungsfragen einsetzen, ob Sie dem Befragten echte Entscheidungsmöglichkeiten geben. Sie dürfen ihn keinesfalls überrumpeln. Der Drang zu einer Entscheidung kann zwar einen momentanen Erfolg herbeiführen, rächt sich aber auf die Dauer. Vielleicht kommen Sie ein zweites mal mit dem Partner gar nicht erst wieder in ein Gespräch.

Ergänzungsfragen

Sie dienen oftmals nur dazu, eine Meinung zu bestätigen. Sie können ebenso nötig sein, um eine unvollständige Information zu vervollständigen. Sie werden erforderlich, wenn die ersten Fragen nicht sorgfältig genug durchdacht waren und nunmehr nur unbefriedigende Antworten kommen. Ergänzungsfragen werden meist mit Formulierungen wie diesen eingeleitet: »Verstehe ich Sie richtig, wenn ich Ihre Ausführungen wie folgt deute...?« »Darf ich annehmen, daß Sie mir sagen wollen, es wird...?« »Meinen Sie das so, daß Sie damit ausdrücken...?« Durch Ergänzungsfragen kann der Befragte mitunter erst erfahren, daß Sie ihn nicht richtig verstanden, bzw. seine Worte falsch interpretierten. Sie geben mit diesen Fragen Gelegenheit, Unklarheiten zu beseitigen.

Ergänzungsfragen sollten deswegen (wie auch Kontroll-Fragen →) immer wieder im Laufe eines Gesprächs eingesetzt werden, damit es nicht nach längerer Gesprächszeit (die sich dann als vertan herausschälen könnte) zur Einsicht von Irrtümern oder Mißverständnissen kommt. Besonders wichtig ist das in größeren Diskussionsrunden. Umso mehr Menschen über ein Thema sprechen, umso größer die Wahrscheinlichkeit, daß sich unterschiedliche Anschauungen verbreiten. In der Fragetechnik gilt, wie bei jeder Informationsaufnahme und bei jedem Lernen, daß möglichst nichts unverstanden durchgelassen wird. Ergänzungsfragen verhindern es damit, daß sich Lücken auftun, Informationslücken, die später nur sehr zeitaufwendig zu schließen sind.

Fangfragen

Sie gehören in das Gebiet der unfairen Dialektik. Diese Fragen dienen immer dazu, Antworten auf andere Fragen zu erhalten, als der Wortlaut des Erfragten es aussagt. Es wird eine Frage gestellt, und wenn sie der Befragte arglos beantwortet, hat er damit eine ganz andere Auskunft gegeben, als sie in seiner Antwort selbst liegt. »Wie gefällt Dir mein neues Kleid?« (Als harmloses Beispiel einer Fangfrage) Hier will die fragende Frau von ihrem Mann womöglich gar nicht wissen, ob und wie ihm das Kleid gefällt. Er hat ohnehin in Kleidungsfragen ihrer Meinung nach keinen Geschmack. Was sie wissen will ist, ob sie ihm gefällt, oder ob sie ihm noch gefällt. Die gleiche Frage, an die Freundin gestellt, hat noch eine andere Absicht, nämlich zu erfragen, ob diese »Freundin« nicht neidisch ist, daß die Fragerin sich schon wieder ein neues, teures Stück kaufen konnte. Auch der Chef, der seinen Mitarbeiter fragt: »War der Müller gestern um fünf noch hier im Büro?« will womöglich gar nicht die Anwesenheit des Müllers erfragen, als vielmehr feststellen, ob der befragte Schmitz selbst bis Feierabend anwesend gewesen ist. Fangfragen gehen oft bis in den persönlichen Bereich hinein. Oftmals enthalten sie einen stillen Vorwurf, wie bei der Frage des Chefs, der nicht klar zu sagen wagt, daß er es verbiete, schon um Viertel vor Feierabend aus dem Büro zu gehen. Zu den Fangfragen gehören auch jene gehässigen Verklausulierungen, bei denen die Antwort ausfallen kann, wie sie will, der Befragte und Antwortende ist immer der Dumme: »Bist Du immer noch so unpünktlich wie früher?«

Gegenfragen

Wenngleich uns schon zu Kindeszeiten beizubringen versucht wurde, daß es unhöflich und unstatthaft sei, auf eine Frage mit einer Gegenfrage zu antworten, ist die Gegenfrage noch nicht ausgestorben. Es läßt sich sogar sagen, sie ist gang und gäbe und gilt in der Dialektik sogar als eine der beliebtesten Abwehrmaßnahmen. Sie werden sogar mitunter von einer »taktischen Gegenfrage« lesen. Allerdings haben wir jetzt zwei Auslegungen des Begriffes Gegenfrage vermischt (auch das ist fast schon Dialektik). Einmal meinen wir die Gegenfrage sozusagen als Retourkutsche auf eine andere Frage. Sie mag wirklich schon den Kindern (aber nicht nur diesen) untersagt sein, denn sie unterschlägt ja die Antwort, zu der man zunächst verpflichtet ist. Wenn von taktischer Gegenfrage die Rede ist, so braucht keine andere Frage vorangegangen zu sein. Sie ist das verbale Gegenmittel gegen eine Aussage oder Behauptung. In der Verkäuferschulung ist es deshalb üblich, die Argumente, die der Kunde gegen den Kauf ins Feld führt, mit Gegenfragen abzuschwächen. Bringt der Kunde einen Einwurf, so wird ihm eine Frage gestellt, die er bejahen muß. Sagt er z. B.: »Was soll ich mit einer neuen Vervielfältigungsmaschine, die alte tut es ja noch!« so kann die Gegenfrage lauten: »Zu welchen Kosten tut sie es?« Oder: »Wie wirtschaftlich arbeitet Ihr altes Gerät?« Meist wird versucht, Gegenfragen zu formulieren, die der Befragte bejahen, beziehungsweise im positiven Sinne für den Fragenden beantworten muß. Auch in der Pädagogik findet die Gegenfrage ihren Einsatz. Wenn ein Lehrer erkennt, daß der fragende Schüler nicht genug nachgedacht hat, führt er ihn mit einer »Gegenfrage« näher an das Lernziel. Schüler: »Warum muß denn dort ein Komma stehen?« Gegenfrage des Lehrers: »Hatten wir nicht die Regel, daß hinter einem erweiterten Infinitiv mit zu ein Komma gehört?«

Die Gegenfrage macht dem Schüler deutlich, daß er es wußte, nur nicht genug nachgedacht hat.

Auf die Frage: »Hast Du schon gefrühstückt?« mit der Gegenfrage »... und Du?« zu antworten, muß nicht unhöflich sein. Es drückt sich in ihr vielleicht der Wunsch aus, gemeinsam zum Frühstückstisch zu gehen. Auf die Frage: »Haben Sie Ihre Arbeit schon abgeschlossen?« kann hingegen die Gegenfrage »... und Sie?« gelinde gesagt, eine Unverschämtheit sein. Überlegen Sie deshalb gut, ob Sie auf Fragen mit Gegenfragen antworten können oder wollen. Gegenfragen im Sinne von Gegenargumenten, mit denen Aussagen entgegengewirkt werden soll, die der eigenen widersprechen, sind in vielen Fällen praktikabel: »... wenn aber diese Eigenschaft des Gerätes Ihnen 50% Zeit erspart?« »Könnte sich dieser scheinbare Mangel nicht in einen Gewinn ummünzen lassen, wenn ...?« »Warum wollen Sie diesen Vorteil nicht nutzen?«

Gewissensfragen

Manche Fragen richten sich auf ganz persönliche Anschauungen und haben mit einer Sache, über die geredet wird, herzlich wenig zu tun, sie greifen in die Privatsphäre des Befragten ein. Solche Fragen werden Gewissensfragen genannt. Mancher stellt sie sogar, um bei dem Befragten ein schlechtes Gewissen zu provozieren und ihn damit den eigenen Absichten gegenüber gefügiger zu machen. »Werden Ihre Leistungen auch immer angemessen honoriert?« Das ist schon so eine Gewissensfrage, auch wenn ein jeder meint, daß inbesondere er nicht angemessen bezahlt werde. »Sind Sie zu Hause auch so kleinlich, wie hier?« ist schon fast eine Kränkung. Die Grenze ist schnell überschritten, deshalb sollten Gewissensfragen nach Möglichkeit vermieden werden. Sie führen sonst zu leicht dazu, daß sich der Befragte bloßgestellt fühlt und er, so bald es ihm möglich ist, mit gleicher Münze heimzahlt. In den Bereich der Gewissensfragen fallen Anspielungen auf parteipolitische Zugehörigkeit, auf religiöse oder moralische Anschauungen. Es ist ohnehin schwierig, auf solche Fragen zu antworten. Sie können das sogar in der Öffentlichkeit beobachten. Selbst unter sogenannten Gesinnungsfreunden bleibt man sich dort oft genug die Antwort schuldig. Wenn Gesinnungsfragen überhaupt gestellt werden, bedarf es der sehr geschickten Formulierung und eines besonders behutsamen Vorgehens, weil hinter Gesinnungsfragen sehr oft Fangfragen (→) vermutet werden.

So kann zum Beispiel die schlichte Frage: »Gedenken Sie sich vorzeitig pensionieren zu lassen?« als eine auf die Arbeitslust oder -intensität gerichtete empfunden werden. Niemand läßt gern andere als eng Vertraute in seine persönliche Sphäre eindringen. Doppelt peinlich, weil auch im doppelten Sinne zu verstehen, ist es darum, wenn jemand mit sogenannten vertraulichen Fragen eng in die körperliche Nähe des Befragten rückt. Beobachten Sie andere Menschen bei solchem Verhalten, sowohl die Fragenden, als die solchen Fragen Unterworfenen, so werden Sie sicherlich Ihre eigenen Verhaltensregeln davon ableiten können.

Herausforderungsfragen

Man kann Menschen auf verschiedene Art provozieren, auch mit so mancher der bisherigen Fragenarten. Solches Tun könnte dann mit dem Wort Herausforderungsfragen umschrieben werden. Mit bestimmten Frageformulierungen sollen Antworten provoziert werden. Damit will man auch die Meinung des Befragten herausfordern. Vielleicht um ihn in Ärger zu versetzen und damit zur Unvorsichtigkeit zu verleiten, was dann wieder dazu führen soll, die eigene Position zu verstärken. Meist gehen solche Fragen mit einer Behauptung einher, zu der man ganz verschiedene Ansichten haben kann. Hier gibt es auch einen Übergang zu jener Art von Herausforderungsfrage, die mehr einer gleichgerichteten Empörung dienen, also munter machen sollen. »Können wir es zulassen, daß Lehrmaschinen unsere Humanität gefährden?« Hier soll gemeinsam gegen die behauptete Enthumanisierung durch Lehrmaschinen zu Felde gezogen werden. Aber auch hier Vorsicht: Es könnte ein Fachmann in der Runde sein, der beweist, daß Lehrgeräte gerade geeignet sind, Lehrer von Paukaufgaben freizustellen und ihnen damit mehr Zeit für die »menschlichen« Aufgaben bringen.

Mit Herausforderungsfragen wird mtiunter etwas bewußt Falsches unterstellt: »Machen Sie auch nur Überstunden, um in der Konsumgesellschaft einen Rang einzunehmen?« Der Befragte soll aus sich herausgehen und Farbe bekennen. »Stellen wir nicht nur deshalb Gastarbeiter ein, um selbst keine Schmutzarbeit mehr machen zu müssen?«

Wägen Sie gut ab, ob es ein zu passives Verhalten eines Gesprächspartners erforderlich machen könnte, eine Herausforderungsfrage zu stellen. Überlegen Sie dann jedoch sehr gut die Formulierung, und hüten Sie sich vor jedem Anflug von Kränkung.

Geschlossene Fragen

Gibt ein Fragender bereits die Antworten auf seine Fragen vor, sind also die Möglichkeiten zu antworten für den Befragten eingeschränkt, so spricht man von geschlossenen Fragen. Im einfachsten Falle handelt es sich um Alternativ-Fragen (→): »Ist der Kollege Meier in der Gewerkschaft oder nicht?« »Muß ich bei der nächsten Weggabelung rechts oder links abbiegen?« »Ist das Kind ein Junge oder ein Mädchen?« »Hätten Sie den Kaffee gern mit Milch oder schwarz?« Ebenso kann es auch eine ganze Reihe von Antworten geben, unter denen der Befragte auswählen kann. Z. B. wird in einem Fragebogen nicht die genaue Altersangabe erfragt, sondern es ist die Altersgruppe zu nennen: Unter 20 / zwischen 20 / 40 und 60 / über 60? »Welche der fünf nachstehend genannten Farben bevorzugen Sie?« Geschlossene Fragen sind in Prüfungen mitunter recht zeitsparend und deshalb praktisch, weil kurz, schnell und präzise die Antworten einzuholen sind. Besonders in der Programmierten Instruktion wurden Frageverfahren bis zu einem hohen Grad der Präzision entwickelt (siehe auch »Multiple-Choise-Fragen →). Geschlossene Fragen setzen voraus, daß die Alternativen zuvor bekannt oder vom Fragenden genau festgelegt worden sind. Während also bei der offenen Frage die Antwortmöglichkeiten nahezu unbegrenzt sind, werden die Grenzen, innerhalb derer geschlossene Fragen wirken, genau abgesteckt. Die besondere Form der geschlossenen Frage ist die Listenfrage. Hier werden die Antworten listenartig zusammengestellt, die richtige(n) ist (sind) herauszufinden. Man kann geschlossene Fragen als eine Erleichterung des Informationsaustausches ansehen, da die Zahl der möglichen Antworten vorgegeben und damit überschaubar ist. Bei einer Auswertung der Antworten zu geschlossenen Fragen können Geräte und Maschinen (Computer) zur Hilfe genommen werden, deshalb ist ja hier auch die Möglichkeit der Programmierung gegeben.

Höflichkeitsfragen

Manche Fragen, insbesondere die direkten, wirken auf den Befragten geradezu so, als wolle der Fragensteller mit der Tür ins Haus fallen. Es empfiehlt sich deshalb, ihnen eine Höflichkeitsfrage voranzustellen: »Darf ich Sie um eine Auskunft bitten?« »Gestatten Sie mir, daß ich Ihnen eine Frage stelle?« »Würden Sie mir liebenswürdigerweise einige Fragen beantworten?« »Haben Sie die Freundlichkeit, mir eine Auskunft zu erteilen?« »Ich bin mir über einen ... Vorgang nicht klar, darf ich Sie bitten, mir zu helfen?«

Es gibt Menschen, die Höflichkeitsfragen für reine Floskeln halten. Sie meinen, es wären veraltete Schnörkel in unserer Sprache, die unbedenklich entfernt werden können. Ich bin nicht so voreilig, verkenne jedoch nicht, daß die Gefahr besteht, daß solche Formulierungen nichts mehr aussagen. Das wird aber nur dann geschehen, wenn der, der sie verwendet, es nicht so meint. Hinter einer Höflichkeitsfrage muß selbstverständlich die Höflichkeit selbst stehen. Der Mensch, der diese Fragen stellt, wird dann auch in seinem ganzen Wesen und im Tonfall seiner Worte diese Höflichkeit ehrlich ausdrücken. Schließlich: Gibt es eine Wahl zwischen einem höflichen Schnörkel und einer Grobheit oder nur der plumpen Aufdringlichkeit, so plädiere ich immer ür die erste Möglichkeit. Wo kommen wir denn hin, wenn die Höflichkeit verschwindet? Dann wird es bis zum Aussterben der Freundlichkeit auch nicht mehr weit sein.

Indirekte Fragen

Indirekte Fragen nennt man solche Formulierungen, mit denen etwas ganz anderes ermittelt werden soll, als der Wortlaut der Frage selbst es vermuten läßt. Dabei gibt es indirekte Fragen, die grammatikalisch betrachtet gar keine Frageform mehr haben. Mit der Frage: »Halten Sie die Gewerkschaftsbeiträge für angemessen?« will der Fragende beispielsweise wissen, ob der Befragte überhaupt in der Gewerkschaft ist. Auf indirekte Weise werden oft Gewissensfragen (→) verkappt. Oft richtet der indirekt Fragende die Frage scheinbar an sich selbst: »Ich frage mich allerdings, ob Sie sich das leisten können?« Natürlich fragt er sich das nicht selbst, sondern auf diesem Umweg den anderen, wenn er ihn nicht sogar mit derartiger Formulierung herausfordern will (Herausforderungsfrage →). Auch in dieser Form tauchen indirekte Fragen auf: »Wenn man nur wüßte, ob das nicht zu schwierig für Sie ist?« Indirekter Fragen bedient sich der, der etwas verschleiern will. Der, der da fragt, mag nicht offen vorgehen. Vielleicht glaubt er, daß die direkte Frage dem Befragten zu stark die Augen öffnet und er dann deutlicher sieht, worauf er sich da einläßt. Achten Sie also bei indirekt an Sie gerichteten Fragen besonders aufmerksam darauf, was der Fragesteller eigentlich von Ihnen will.

Informationsfragen

Legen wir das Wort Information streng aus, so sind letztlich alle denkbaren Fragen Informationsfragen. Man will mit ihnen oder über sie etwas Neues erfahren oder bestätigt wissen. Bezeichnen wir hier damit jedoch jene Frageart, die mitunter auch Wissensfrage genannt wird.

Informationsfragen werden meist in der Form der direkten Fragen (→) gestellt. Es sollen Auskünfte eingeholt, Wissenslücken geschlossen werden. »Wie alt bist Du?« »Wohin führt dieser Weg?« »Wann wurde Schiller geboren?« »Wie hoch ist der Chimborasso?«

Mit in diesen Topf wird auch eine Frageart geworfen, die besser die informierende Frage genannt würde. Hierbei handelt es sich darum, daß mit der Frage selbst eine Information abgegeben werden soll: »Ist Ihnen bekannt, daß mit »Rationellem Lesen«, bei gleichem Inhaltsverständnis, die doppelte Lesegeschwindigkeit gegenüber konventionellen Lesens erreicht werden kann?« »Wußten Sie schon, daß es sonnenbeheizte Häuser gibt, bei denen die technische Einrichtung mit der anderer Beheizungsarten konkurrieren kann?« »Haben Sie sich überlegt, daß Sie mit diesem Gerät runde 20% Ihrer bisherigen Kosten einsparen können?«

Entweder richten sich also Informationsfragen darauf, ganz bestimmte Informationen vom Fragenden zu gewinnen oder (besser: informierende Fragen) solche Informationen dem Befragten zu vermitteln.

Innovationsfragen

Innovation heißt wörtlich Neuerung. Heute gebraucht man diesen Terminus mehr im Sinne von Erfindung oder Kreation, also Neuschöpfung. Fragen, welche die zugehörigen Denkleistungen anregen, nennt man deshalb auch Innovationsfragen. Mit ihnen soll der Anstoß zu einer schöpferischen Tätigkeit gegeben werden. Mitunter haben diese Fragen recht schlichte Formulierungen: »Wie läßt sich diese Vorrichtung verbessern?« »Wie kann das Gerät so neu gestaltet werden, daß es seinen Zweck (bzw. den an dieser Stelle genau definierten Zweck) besser erfüllt?« »Welche Möglichkeiten einer Produktionssteigerung kommen Ihnen in den Sinn?«

Werden solche Fragen geschickt formuliert, so geben sie nicht nur einen Denkanstoß, sondern lenken das Denken gleich in Richtungen: »Wie läßt sich durch Umstellung der vorhandenen Regale unser Lagerraum besser ausnutzen?« »Welche Techniken müssen wir einsetzen, um das anstehende Problem zu lösen?« »Bei welchen geistigen Arbeiten kann mir der Einsatz von Karteien merklich behilflich sein?«

Innovationsfragen wirken in starkem Maße motivierend (siehe auch Motivationsfragen →), weil in ihnen ausgedrückt wird, daß der Fragende dem Befragten zutraut, eine bestimmte Leistung zu vollbringen. Die Fragen zu stellen heißt, einen Vertrauensbeweis geben.

Ja-Fragen

Muß ein Befragter auf eine ihm gestellte Frage mehr oder weniger zwingend mit Ja! antworten, so nennen wir das auch schlicht eine Ja-Frage. Ja-Fragen haben den Zweck, die Menschen, welche man befragt, systematisch der eigenen Meinung zuzuführen. Die Frage oder die Fragen-Reihe (es wird dann gelegentlich sogar von Ja-Fragen-Ketten gesprochen) darf also von dem, an den sie gerichtet ist, nicht anders beantwortet werden können. Das war ja auch das Prinzip des alten Sokrates, den Befragten halt so lange sinngemäß zustimmen zu lassen, bis er genau die Meinung zum Ausdruck brachte, die der alte Philosoph von ihm hören wollte. Auch Sie können mit diesem Mittel einen Befragten sanft Ihrer Meinung entgegenführen: »Nimmt bei Ihnen auch die Arbeit allmählich überhand?« »Kommen Sie nicht auch dadurch ab und zu in Hetze und Streß?« »Ist nicht zu befürchten, daß sich diese Erscheinungen häufiger einstellen?« »Sollte man nicht etwas dagegen unternehmen?« »Haben Sie nicht auch den Wunsch, die Bürde wieder los zu werden?« »Wenn das mit einem einfachen System zu schaffen wäre, würden Sie es anwenden?« »Nun, es gibt ein solches System, wollen Sie es kennenlernen?« »Ich spreche vom ... (z. B. Autogenen Training)«

Unterdessen haben Sie den Befragten soweit, daß Sie ihm etwas über die Dinge sagen können. Der Witz der Sache liegt darin, die Fragen so zu stellen, daß mit jedem Ja! die Neugier geweckt, der Befragte motiviert wird und für sich einen Vorteil erwartet, der ihn Ihren Ausführungen gegenüber öffnet.

Kettenfragen

Auch die im vorigen Absatz erwähnte Fragenreihe kann als Ketten-Frage bezeichnet werden. Der Befragte hat jedoch nach jeder Frage Gelegenheit, eine Antwort zu geben. Was aber halten Sie davon auf diese Weise begrüßt zu werden: »Hallo, wie geht es Dir?« — »Was machen die Geschäfte?« — »Geht es der Familie auch gut?« — »Weißt Du schon das Neueste?« — »Hast Du ein bißchen Zeit?« — »Kannst Du mir ein paar Fragen beantworten?« Der Fragende kommt kaum selbst zu Atem, geschweige denn der Befragte zu einer Antwort. Das ist auch keine Begrüßung, das ist ein Überfall. Wenn Fragen einander jagen, hintereinanderwegrollen wie der Autoverkehr auf belebter Schnellstraße, dann will der Fragende vielleicht überhaupt keine Antwort haben. Kann, in obigem Beispiel das arme Opfer einwerfen, daß es schon ein paar Minuten Zeit habe, um ein paar Fragen zu beantworten, so werden diese weiteren Fragen wahrscheinlich ähnlich trommelnd auf ihn einwirken. Es gibt keine Möglichkeit zu antworten, oder doch nur stark eingeschränkte.

Will der Fragende nun wirklich Antwort haben, dann darf er sich nicht wundern, wenn er sie nur auf die zuletzt gestellte Frage erhält. Mehr konnte sich der andere auch gar nicht einprägen. Vielleicht hat sich der aber auch nur eine Frage inmitten des Wustes gemerkt, eine, die ihn besonders interessierte, oder auf die die Antwort sozusagen griffbereit zur Verfügung stand.

Ziehen Sie aus diesen kurzen Betrachtungen Ihre eigenen Schlüsse: Fragen Sie eines nach dem andern. Stellen Sie eine Frage, und lassen Sie dem anderen Zeit, die Antwort zu geben. Dann erst stellen Sie Frage Nr. 2. Vermeiden Sie es, zu viele Fragen auf einmal zu stellen, damit der Befragte nicht nach seiner Wahl eine ihm beliebige Antwort gibt, sondern Stück für Stück all Ihre Fragen beantwortet.

Das schließt nicht aus, daß Sie sich eine ganze Reihe von Fragen aufstellen. Doch ist dann Schritt für Schritt, Punkt für Punkt, Frage für Frage vorzugehen. Man kann sogar sagen: Im Gegensatz zu dem Fragenden, der da ein Trommelfeuer auf den anderen losläßt und dabei selbst in Konfusion gerät, kennzeichnet das sorgfältige Vorgehen, den klug Denkenden. Er wird zuguterletzt all die gewünschten Informationen eingeholt haben. Vieles fragen heißt auch nicht unbedingt, viele Fragen formulieren. Bei den erwähnten Vielfragern, meist sind es zugleich Schnellsprecher, wird man den Verdacht nicht los, als daß sie mit ihrem Schwall die Unzulänglichkeit des eigenen Denkens kaschieren wollen. Setzen Sie sich nicht einer solchen Gefahr aus.

Kontrollfragen

Kontrollfragen können mit Bestätigungsfragen (→) identisch sein und werden ihnen auch oft gleichgestellt. Geht es jedoch bei jenen vorzugsweise um die Bestätigung einer Meinung, so geht es hier in erster Linie um die Kontrolle eines Wissensstandes, einer Ansicht, eines Verhaltens. Am ehesten sind sie noch mit Prüfungsfragen zu vergleichen, wenngleich Kontrollen und Prüfungen auch nicht dasselbe sind. Im Verlaufe der abzugebenden Informationen versucht ein Fragender zu kontrollieren, wie weit diese Informationen ankamen und/oder welches Verhalten der Adressat aufgrund der Informationen annahm. Kontrollfragen können (wie bei Prüfungen) in der direkten Form Daten oder Meßwerte abfragen. Ebenso sprechen wir von Kontrollfragen, wenn auf diese Weise vorgegangen wird:

»Wie werden Sie reagieren, wenn der Angesprochene Einwände erhebt?«

»Habe ich mich Ihnen verständlich gemacht und erkennen Sie nun . . . (folgt eine Kurzdarstellung der zu kontrollierenden Information)?«

Kontrollfragen können auch indirekte Form haben: »Wüßte ich nun, daß Sie meinen Ausführungen gefolgt sind, so könnten wir uns einem anderen Thema zuwenden.« Mitunter lassen sich Kontrollfragen auch Wiederholungsfragen nennen, weil mit ihnen eine bestimmte Information wiederholt wird, doch ist das mißverständlich, da die kontrollierende Frage einen anderen Wortlaut haben kann, also nicht selbst wiederholt werden muß.

Kritikfragen

Mit ihnen wird kritisiert. Da die Menschen es vorziehen, negativ zu kritisieren, zunächst einiges hierzu: Mit einer Kritikfrage kann verhindert werden, daß der zu Kritisierende verärgert oder frustriert wird. Anstatt über einen Mangel oder einen Fehler zu schimpfen (die häufigste Form negativer Kritik), ist es besser, Fragen anzusetzen: »Wie kann es verhindert werden, daß dieser Fehler künftig wieder auftritt?« »Welche Möglichkeiten einer Korrektur dieser Fehler sehen Sie selbst?« »Wie könnten wir vorgehen, um zu den erwarteten Leistungen zu kommen?« »Sehen Sie eine Möglichkeit, sich hier zu steigern?« Selbstverständlich kann in die Frage gleich eine Anregung oder Anweisung verpackt werden: »Halten Sie es für denkbar, durch größere Sorgfalt diesen Fehler künftig zu unterbinden?« »Sollten Sie nicht besser die Gleitzeit morgens ausnützen, um weniger Störungen zu unterliegen?« Mit Kritikfragen wird die Eigenverantwortlichkeit betont und der Kritisierte zum Nachdenken angeregt. Übersehen Sie nicht, daß auch positive Kritik möglich ist. Lob und Anerkennung werden immer gern aufgenommen. Hier ist es vielleicht nicht ganz so wichtig, die Frageform zu bevorzugen. Hingegen muß positive Kritik ehrlich wirken und darf nicht vordergründig sein. In Frageform: »Können Sie nicht stolz auf diese Leistung sein?« »Befriedigt es Sie nicht, hier eine fehlerlose Arbeit vorlegen zu können?«

Motivationsfragen

Kritikfragen in der positiven Form wirken motivierend, stimulieren zu weiterem positivem Verhalten. Es ist mit derlei Fragen nur selten ein Auskunftsbegehren verbunden, der Befragte soll sich die Antwort vor allem selbst geben. Das gilt auch für andere Motivationsfragen. Es werden in erster Linie die Gefühle angesprochen und weniger die Ratio. So wie Motivationsfragen zugleich positive Kritikfragen (→) sein können, haben sie mitunter auch die Form von rhetorischen Fragen (→) oder Suggestionsfragen (→). Mitunter nennt man sie, aus den erwähnten Gründen, Stimulierungsfragen. Immer wenn Sie mithilfe von Fragen versuchen, andere zu motivieren, zu stimulieren, sie anzuregen im Sinne des Fragenden zu handeln oder zu denken, können wir von Motivationsfragen sprechen.

Der Fragende will sich den Befragten geneigt machen. Sollte die Absicht darauf zielen, im Befragten ein Schuldbewußtsein zu erzielen, so haben wir es mit negativer Motivation zu tun. Die Frage: »Wo haben Sie diesen erklassigen Anzug her?« geht wahrscheinlich nicht darauf aus, eine Schneider-Adresse zu erfahren, als vielmehr, dem Befragten ein Kompliment zu machen. Mit: »Wie schaffen Sie das alles nur in der kurzen Zeit?« Will der Fragende ebenfalls nicht Anregungen für sein eigenes Arbeitsverhalten bekommen, sondern ein Lob spenden, zu weiterem Schaffen motivieren. Ganz ähnlich wirken solche Fragen: »Was sagen Sie als versierte Fachkraft dazu?« »Könnten Sie aus Ihrem reichen Erfahrungsschatz nicht so manches zum Thema beitragen?« »Haben Sie ein Geheimrezept, um zu derart guten Ergebnissen zu kommen?« »Ob ich wohl auch solche Ehre einlegen könnte wie Sie?« »Macht das einem Burschen wie Dir überhaupt die geringste Schwierigkeit?«

Multiple-Choice-Fragen

Korrekter muß es heißen: Fragen mit »Multiple-choise-Antworten«. Dieses Verfahren wird in Prüfungen gern verwendet. Besonders dann, wenn es um das Abfragen eines reinen Faktenwissens geht. Das Multiple-Choice-Verfahren kam insbesondere im Zusammenhang mit dem Gedankengut der Programmierten Instruktion ins Gespräch. Es geht dabei um Sonderformen der Alternativfragen (→) oder der Entscheidungsfragen (→). Zu einer Frage werden zwei, drei oder auch mehrere Auswahlantworten vorgelegt. Von diesen kann nur eine richtig sein, die dann herauszufinden ist, ebenso können aber auch mehrere, wenn nicht gar alle vorgegebenen Antworten richtig sein. Das herauszufinden ist Sache des Befragten und Gegenstand der Prüfung. Der Befragte braucht im allgemeinen nicht in eigener Formulierung zu antworten, sondern streicht nur die richtige(n) Antwort(en) an:

Welche Abmessungen in mm	*Auswahlantworten*
hat das Format DIN A 5	297 x 210
	210 x 148,5
	148,5 x 105
Weiteres Beispiel:	
Wie viele Einwohner hat Hamburg?	etwa 200 00
	etwa 20 000
	etwa 2 000 000

Das letzte Beispiel sollte zeigen, daß es seitens derer, die Fragen und Auswahlantworten gestalten, schon einiger Sorgfalt bedarf, damit nicht durch ein einfaches Aussondern der garantiert falschen Antworten die richtige wie von selbst gefunden wird.

Offene Fragen

Läßt eine Frage beliebig viele Antworten zu, die der Befragte nach eigenem Ermessen geben kann, so bezeichnen wir sie als offen. Der darf antworten wie er will (wie gut er kann), so gut er es weiß oder für richtig hält. Auf die Frage: »Wie hoch ist der Berliner Funkturm?« sind unendlich viele Höhenangaben möglich, von denen natürlich nur eine richtig ist. Bei frei zu formulierenden Antworten wählt der Befragte die Wörter, so wie er will. Auf die Frage: »Was halten Sie vom Kollegen Meier?« – das ist eine offene Frage – kann der, an den die Frage gerichtet ist, sagen, was er Gutes oder Schlechtes vom Meier hält, er kann eine ausweichende Antwort geben (dann ist die Frage natürlich nicht korrekt beantwortet) oder auch die Antwort verweigern. Die offene Frage tritt in der Hauptsache als Informationsfrage (→) auf und darf als die ursprüngliche Form der Frage überhaupt angesehen werden. Sie wird immer eingesetzt, wenn die Meinung oder die Kenntnisse eines Befragten eingeholt bzw. ermittelt werden sollen. Offene Fragen kennzeichnen sehr oft offene Menschen. Wer es ehrlich meint, kann mit offenen Fragen operieren. Wer den anderen nicht sogleich offen die eigenen Absichten darlegen wird, arbeitet sicherlich mit anderen Fragen, z. B. den indirekten (→).

Rhetorische Fragen

Streng genommen handelt es sich um keine richtigen Fragen, da sich der rhetorisch Fragende schon gleich selbst die Antwort gibt oder doch die Frage so stellt, daß der Befragte nur in seinem Sinne antworten kann. Durch die Art der Fragestellung, durch die Betonung oder die untermalende Gestik läßt der Fragende deutlich werden, welche eindeutige Antwort er erwartet. Rhetorische Fragen werden von Sprechern oder Rednern monologisierend gestellt, sie erwarten zwar eindeutige Zustimmung, aber nicht eine unmittelbar ausgesprochene Antwort. Der Redner, der rhetorisch fragt: »Ist das nicht für uns alle eine Ehrenpflicht?« erwartet nicht, daß nunmehr das ganze Auditorium lautstark Ja! brüllt, sondern daß alle dieses Ja! denken.

Rhetorische Fragen stehen mitunter ganz am Anfang der Ausführungen eines Redners: »Wir fragen uns, wie es zu diesen Ereignissen kam?« Anschließend gibt er gleich selbst die Antwort auf seine Frage. Rhetorische Fragen werden insbesondere dann gern eingesetzt, wenn die Hörerschaft für eine Sache begeistert werden soll: »Sitzen wir nicht alle in einem Boot und müssen deshalb . . .?« Auch hier kann es um eine negative Begeisterung gehen: »Darf man nicht annehmen, daß alle Schaffenden hierauf nur mit Empörung reagieren werden?« Oft leitet ein Sprecher mit der rhetorischen Frage die besonders wichtigen Teile seiner Aussage ein: »Fragen Sie nun, wie ist das alles zu schaffen, so will ich Ihnen sagen . . .«

Streitfragen

Streitfragen werden mitunter solche in Frageform gefaßten Probleme genannt, zu denen sich verschiedene Lösungen anbieten. Es geht der »Streit« darum, nunmehr die beste Lösung zu finden. Für manche Beteiligte liegt die Absicht darin, die eigene Meinung durchzubringen. Gehen wir jedoch davon aus, daß der, der eine Meinung vertritt, diese auch für die beste hält, so trifft die obige Definition wieder voll zu. So läßt sich folgern: Auf Streitfragen sind immer Antworten möglich, über die es sich streiten läßt: »Ist es unerläßlich, die Todesstrafe wieder einzuführen?« »Kann Kunst »studiert« werden, oder ist sie nicht mehr eine Sache der Begabung?« »Führt Erhöhung der Besoldung zu verbesserter Leistung oder zu stärkerer Bummelei?« Streitfragen werden häufig in Konferenzen und Diskussionsrunden aufgeworfen. Es gehört zum guten Geschick des Sitzungsleiters, die Fragen so zu formulieren, daß nicht von vornherein Teilnehmer unbeteiligt bleiben. Ebenso sollen nur solche Fragen aufgeworfen werden, über deren Antworten eine Einigung zumindest möglich scheint.

Suggestivfragen

Legt man einem Befragten die erwünschte Antwort in den Mund, so spricht man von Suggestivfragen. Die Rhetorische Frage (→) gehört auch in diese Kategorie: »Sie sind doch gewiß auch der Meinung, daß ...?« »Sie geben mir sicher Recht, wenn ich ...?« »Sie, als gebildeter Mensch, werden die Frage gewiß so beantworten ...? Das letzte Beispiel macht deutlich, daß sich Suggestivfragen und Motivationsfragen (→) stark überschneiden. Dem Befragten soll etwas suggeriert werden, er soll motiviert – zu einer vom Fragenden erwünschten Meinung veranlaßt werden.

Eine Beeinflussung findet auch durch vorgegebene Bewertungen dieser Art statt: »Haben Sie das unmögliche Kleid der Frau X gesehen?« Hier versucht jemand zu suggerieren, daß die Frau X sich unmöglich kleidet und folglich keinen guten Geschmack hat. Ähnlich ist es hier: »Sie wollen doch nicht etwa in dieses überlaufene Mallorca in Urlaub fahren?« Also, Vorsicht bei Suggestivfragen – so gibt es ja auch auf Mallorca noch nahezu unberührte Flecken – es soll damit eine Meinung aufgezwungen werden. Suggestivfragen sind der Versuch zu manipulieren. So betrachtet ist die Suggestivfrage auch keine echte Frage, da der, der sie stellt, an keiner echten Antwort interessiert ist, vielmehr seine Meinung dem anderen aufzuzwingen versucht. Es ist immer besser, auf Suggestivfragen zu verzichten und dem anderen so viele Informationen oder Argumente zu liefern, daß dieser sich die eigene Meinung bildet. Achten Sie jedoch auf die Suggestivfragen, die man Ihnen stellt, um solchen Beeinflussungen nicht zu unterliegen, wenn sie sich nicht mit Ihrer eigenen Meinung decken.

Vertrauensfragen

Sehen Sie bitte zunächst völlig ab von der politischen Bedeutung dieses Wortes, obgleich es da gedankliche Querverbindungen zu unserer Auslegung gibt. Wir verstehen hier unter Vertrauensfragen solche Formulierungen, mit denen man sich vergewissert, ob man noch das »Vertrauen« des Gesprächspartners hat, ob der überhaupt noch zuhört bzw. die Argumentation des Sprechenden akzeptiert. Vertrauensfragen sind keine besonderen Formen, sondern können im Gewande der meisten in diesem Kapitel zusammengestellten Fragen auftreten. Worauf es dabei ankommt: Immer wieder im Gespräch Fragen einzusetzen, über deren Beantwortung man sich davon zu überzeugen versucht, daß die eigenen Gedanken ankommen:

»Können wir uns bis zu dieser Stelle in unseren Ansichten einigen?« »Haben Sie mich dahingehend verstanden, daß . . .?« »Sind unserer beider Meinungen dahingehend konform . . .?« »Sind Sie bereit, diese Werte . . . als Basis für unsere weiteren Betrachtungen einzusetzen?« »Hier sollten wir mit dem Preis um 2% heruntergehen, ist das nicht auch für Sie die beste Lösung?«

W-Fragen

Fragen, die mit dem Buchstaben W beginnen:
Wer – Was – Wann – Wo – Wie – Warum? u. a.
(in unserem Kapitel 2. ausführlich behandelt)

Wissensfragen

siehe Informationsfragen

Nachwort

Immer wenn ein Leser am Ende eines Buches, welches ihm Tips und Ratschläge geben will, angelangt ist, steht er an einem neuen Anfang. Wenn Sie es nicht gleich während unserer Ausführungen versuchten, so beginnt nun das große Fragen. Sagen wir besser: Das gezielte Fragen in Richtung auf Ihre Informationsabsichten.

Wenn sich ein ganzes Buch mit dem Fragen befaßt und selbst immer wieder Fragen stellt, um auf diese Weise den Wert des denkenden Suchens zu propagieren, wird es nicht ausbleiben, daß auch so manche Frage noch offen bleibt.

Der Verfasser gibt gern zu, selbst ein unentwegt Fragender und um Antworten Ringender zu sein, der sich ständig darum bemüht, durch richtige Fragenstellung zu den benötigten Informationen zu kommen.

Dieses Buch hat seine Absicht erfüllt, wenn es ihm gelingt, seine Leser ebenfalls zu ständigem Fragen anzuleiten. Es gibt eine größere Zahl von Tips für das »Wie«. Vielleicht ist es manchmal gar nicht so wichtig, wie Sie fragen, als daß Sie überhaupt fragen, denn Fragen können Tore öffnen. All diese Tore führen in Wissensgebiete, auf denen Sie vorwärts kommen können. Treten Sie ein, und Sie werden Ihren Weg finden!

Literatur

Eine spezielle Literatur, die dem Praktiker Ratschläge in Richtung »Methodisches Fragen« gibt, hat sich nicht finden lassen. Wir stellen Ihnen hier einige Titel zusammen, in denen das Thema mehr oder weniger gestreift wird, und die Ihnen im gesamten Rahmen rationellen geistigen Arbeitens weitere Ratschläge erteilen.

Bauby, Catherine: Die Kunst der Konversation und Gesprächsführung. Verlag Moderne Industrie, München 1974 / 220 S.

Corell, Werner: Motivation und Überzeugung in Führung und Verkauf. Verlag Moderne Industrie, München 1976 / 103 S.

Frank-Böhrungen, Brigitte: Rhetorische Kommunikation. Verlag Schnelle, Quickborn, 1963 / 100 S. + Anhang

Goossens, Franz: Erfolgreiche Konferenzen und Verhandlungen. Verlag Moderne Industrie, München 4. Auflage 1969 / 230 S.

Guardini, Romano: Der Tod des Sokrates. Eine Interpretation der Platonischen Schriften. Euthphron – Apoologie – Kriton und Phaidon. Rowohlt Verlag, Hamburg 1956 / rowohlts deutsche enzyklopädie Band 27

Hallwass, Edith: Gutes Deutsch in allen Lebenslagen. Econ Verlag, Düsseldorf 1977

Huizinga, Johan: Homo Ludens. Vom Ursprung der Kultur im Spiel. Rowohlt Verlag, Hamburg 1956 / 220 S.

Jennen, Hans Paul: Verkaufen. Strategie und Taktik der Verkaufskunst. Econ Verlag, Düsseldorf-Wien 1977 / 403 S.

Kaiser, Arthur: Fragetechnik. Richtig fragen – mehr erfahren. Deutsche-Verlags-Anstalt, Stuttgart 1977 / 73 Seiten

Kirchner, Balduin: Dialektische Rhetorik. Überzeugend wirken und erfolgreich sein durch die Kunst der richtigen Gesprächs- und Verhandlungsführung. Wilhelm Heyne Verlag, München 1974, Reihe Kompaktwissen Nr. 39 / 140 Seiten

Lang, Alfred R.: Schreiben für den Tag. Der Journalist und sein Arbeitsbereich. Schwann Verlag, Düsseldorf 1967 / 120 Seiten

Loeser, Franz: Interrogativlogik. Zur wissenschaftlichen Lenkung des schöpferischen Denkens. VEB Deutscher Verlag der Wissenschaften, Berlin 1968 / 106 Seiten

Müller, Ulrich / Schuh, Horst: Denken – Reden – Überzeugen. Verlag aktuelle Texte GmbH, Rottweil, Neckar 1977

Nothdurft, Karl-Heinz: Erfolgreicher verhandeln. Die richtige Gesprächstechnik und -taktik. Verlag Moderne Industrie, München 1972 / 206 Seiten

Platon: Sokrates im Gespräch – vier Dialoge. Fischer Bücherei (Band 24), Frankfurt a. M., Hamburg 1955 / 212 Seiten

Roels, A. B.: Logisch denken. Eine praktische Einführung in die Gesetze der Logik. Verlag lebendiges Wissen, Berlin, München o. Jahreszahl, 141 Seiten, Humboldt Taschenbuch Nr. 97

Scheerer, Harald: Verkaufsrhetorik. Verlag Moderne Industrie, München 1975

Schneider, Egon: Logik für Juristen. Die Grundlagen der Denklehre und der Rechtsverwendung. Franz Vahlen Verlag GmbH, Berlin-Frankfurt a. M. 1965 / 397 Seiten

Stangl, Anton und Marie-Luise: Verhandlungsstrategie. 104 Taktiken, sich in Verhandlungen durchzusetzen. Econ-Verlag, Düsseldorf-Wien 1972 / 266 S.

Zielke, Wolfgang: Geben und Nehmen. Verlag Moderne Industrie, München 1976 / 272 Seiten

Zielke, Wolfgang: So lernt man leichter. Humboldt-Taschenbuch 1982

Zielke, Wolfgang: Techniken für ein besseres Gedächtnis. mvg-verlag, Landsberg 1985

Zielke, Wolfgang: Programmierte Instruktion in der Wirtschaft. Ein Handbuch für die Betriebspraxis. Verlag Moderne Industrie, München 1970 / 253 S.

Zielke, Wolfgang: Schneller lesen – intensiver lesen – besser behalten. mvg-verlag, Landsberg 1985

Stichwortverzeichnis